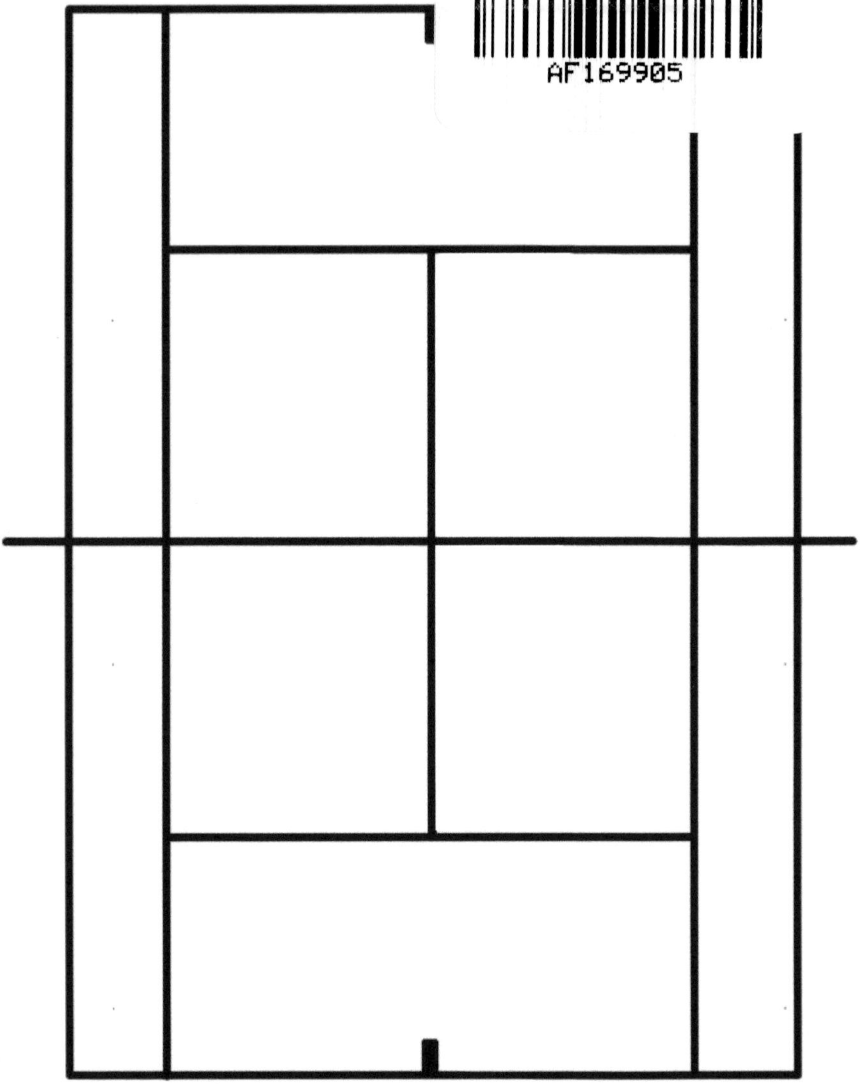

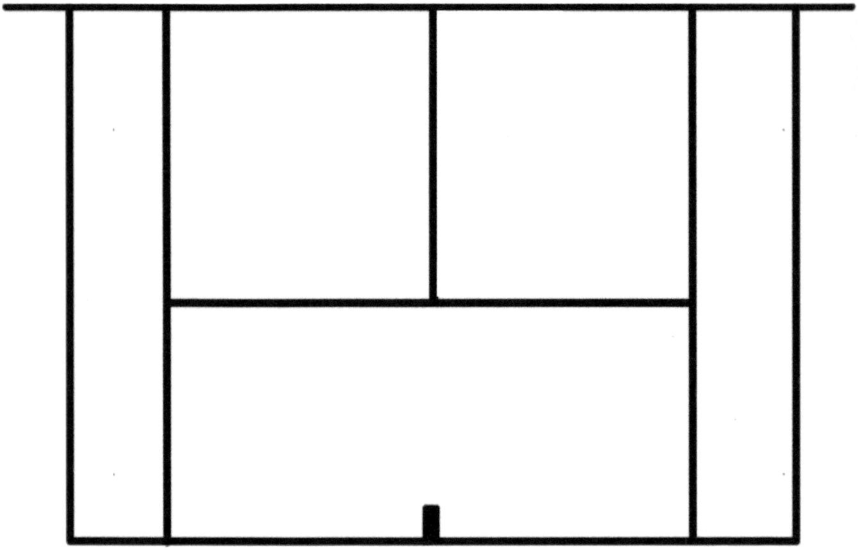

Theo von Taane

Tennis 2 in 1
Taktikboard & Trainingsbuch

Das 2 in 1 Taktikboard & Trainingsbuch zur schnellen Erstellung von coaching Anweisungen/Spieltaktiken und -plänen, enthält nicht nur sportspezifische Vorlagen (Spielfeld und Raum für Notizen), sondern verfügt auch über eine wieder beschreibbare Fläche (Cover des Buchs), welche mit handelsüblichen whiteboard Stiften beschrieben werden kann und trocken abwischbar ist.

VORTEILE:

- Taktikbuch mit sportspezifischen Vordrucken (Spielfeld) zum schnellen und einfachen Skizzieren von Spieltaktiken/Übungen.
- Sind alle Seiten des Buches aufgebraucht, lässt sich das Cover unter Nutzung von whiteboard Stiften als Taktikboard unbegrenzt weiternutzen.
- Durch das handliche Format sowohl unterwegs als auch vor Ort zum Spiel oder Training nutzbar.
- Ideal zum spontanen Sammeln von Trainingsideen oder als Gedankenstütze.
- Ideal um dem Schüler durch schnelles Skizzieren der Übung den geplanten Trainingsablauf begreifbarer zu machen.
- Ideal zum Festhalten von geplante Spielzügen, um sie sich kurz vor dem Match oder währenddessen wieder ins Gedächnis zu rufen.

FSC
www.fsc.org
MIX
Papier aus verantwortungsvollen Quellen
Paper from responsible sources
FSC® C105338

Bibliografische Information der Deutschen Nationalbibliothek:
Die Deutsche Nationalbibliothek verzeichnet diese Publikation in der Deutschen Nationalbibliografie; detaillierte bibliografische Daten sind im Internet über http://dnb.dnb.de abrufbar.

Texte und Illustrationen: ***Theo von Taane***

Herstellung und Verlag: BoD – Books on Demand, Norderstedt

ISBN: 9783739226590

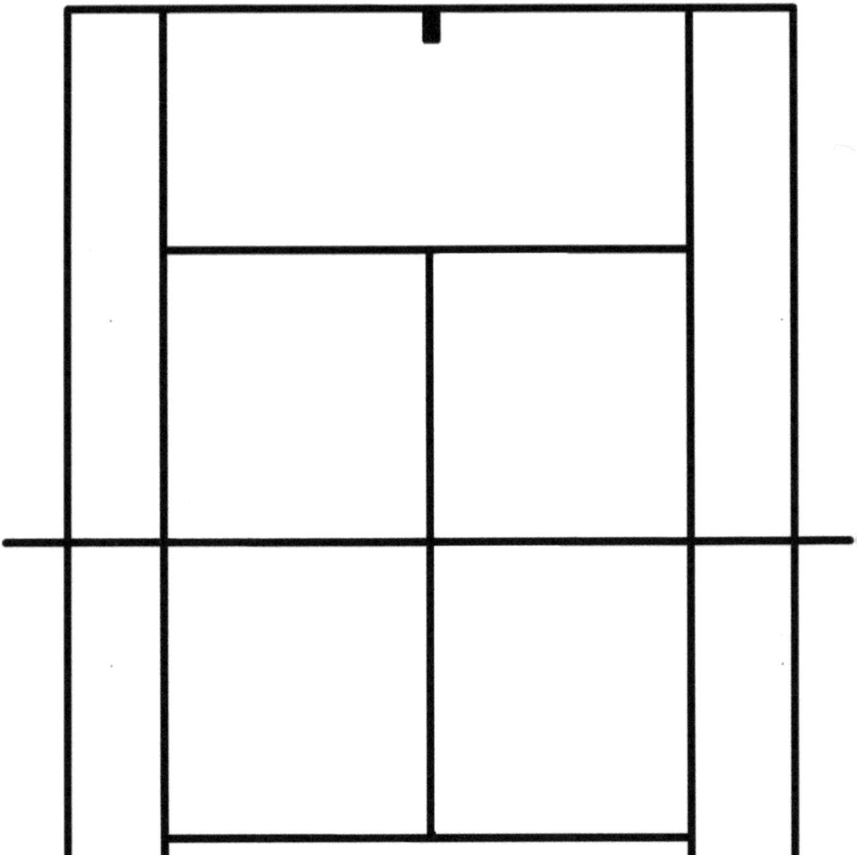

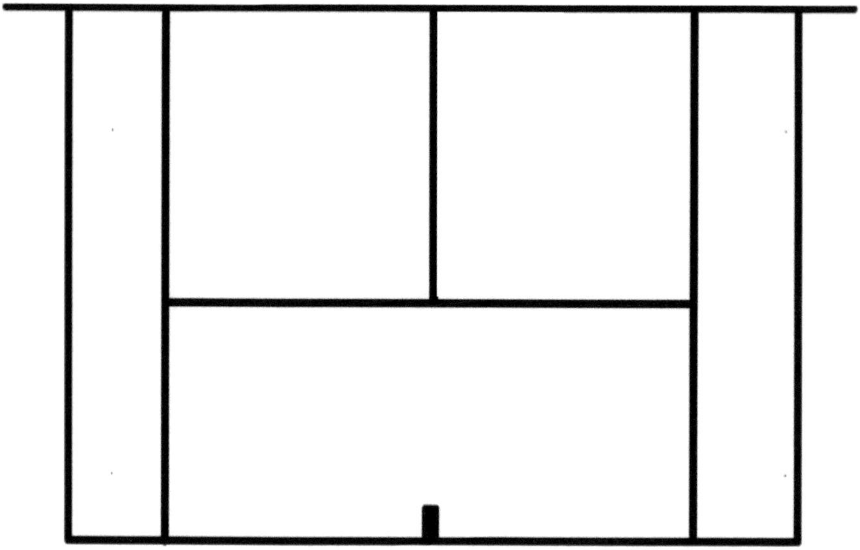

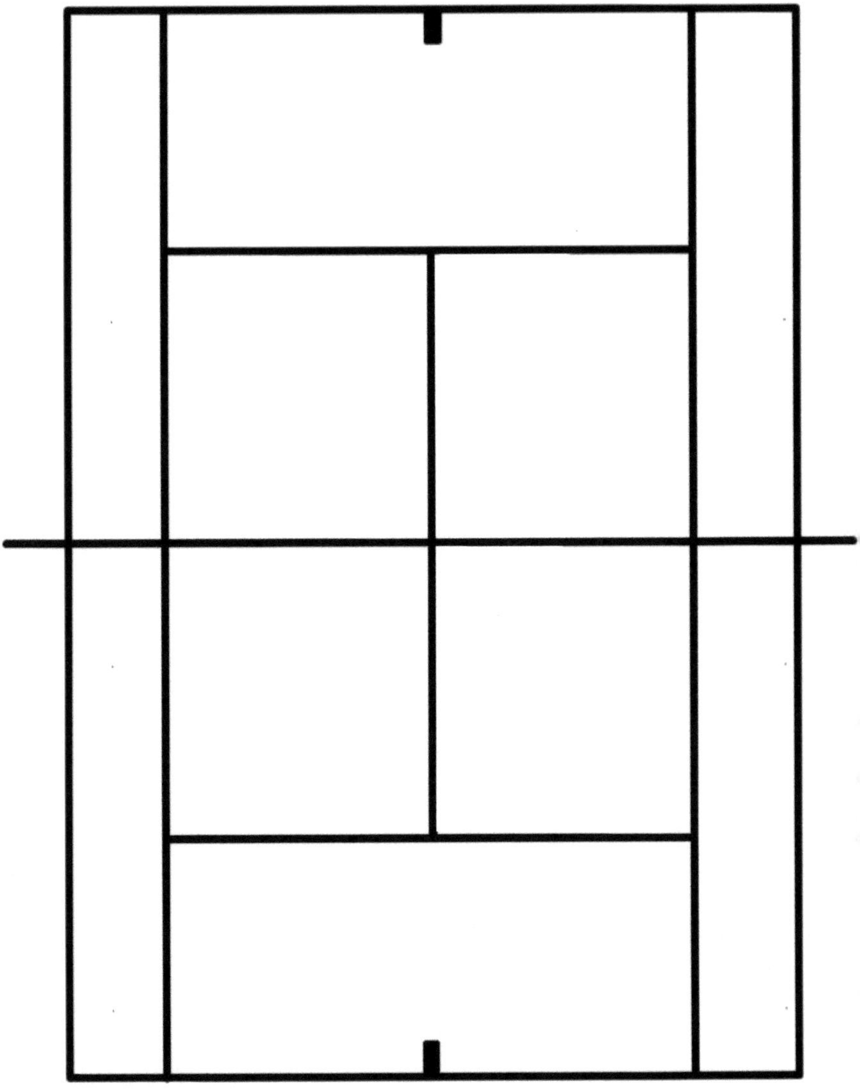

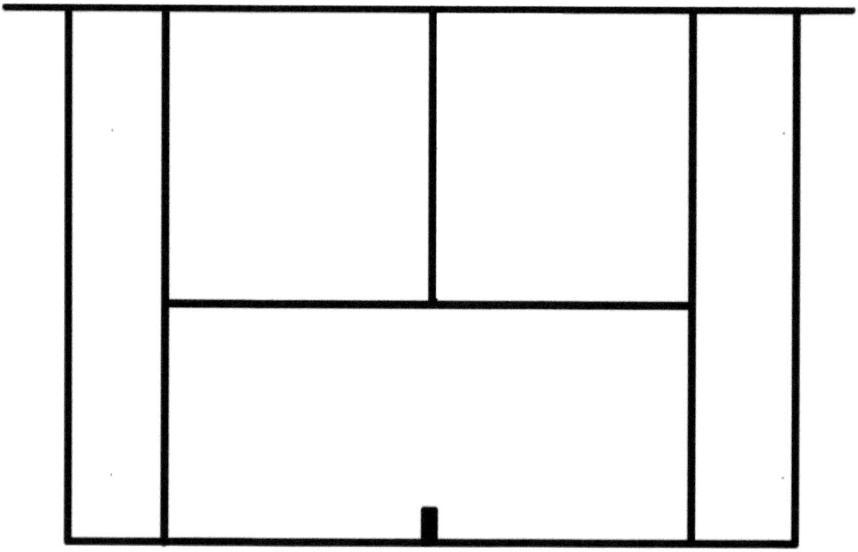

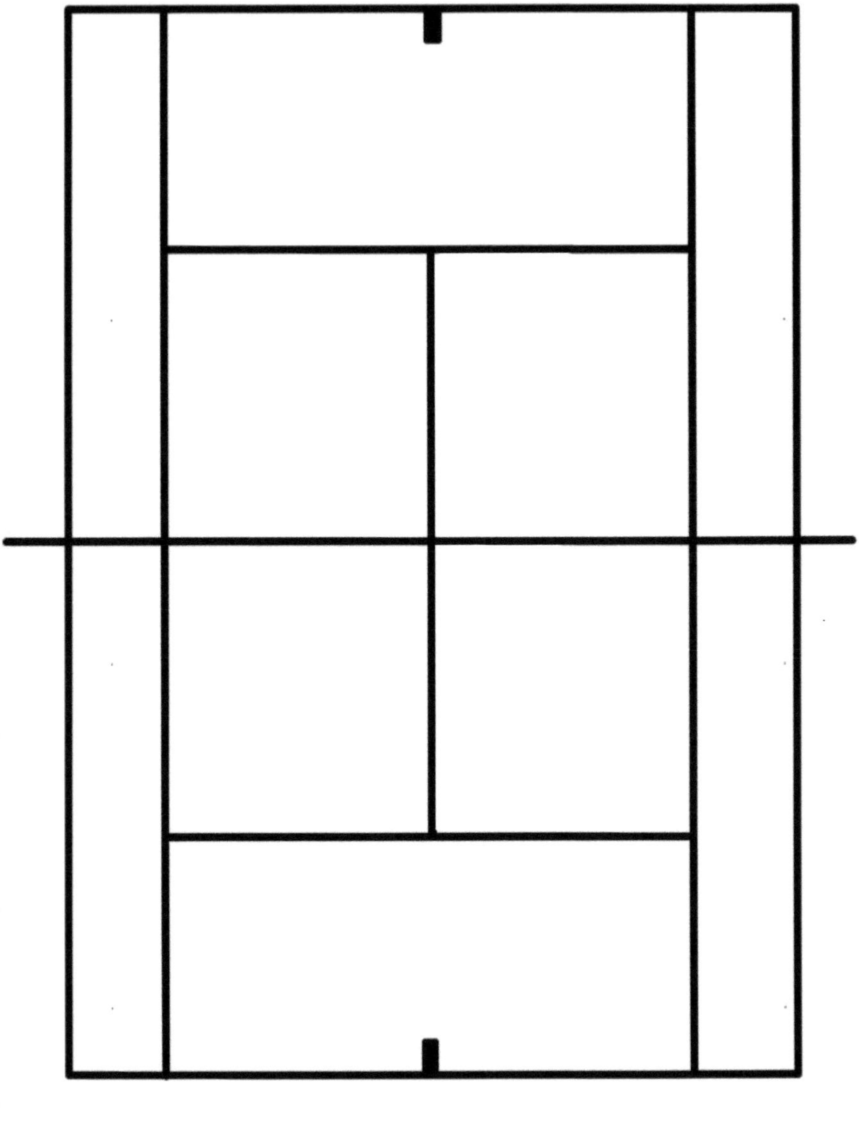

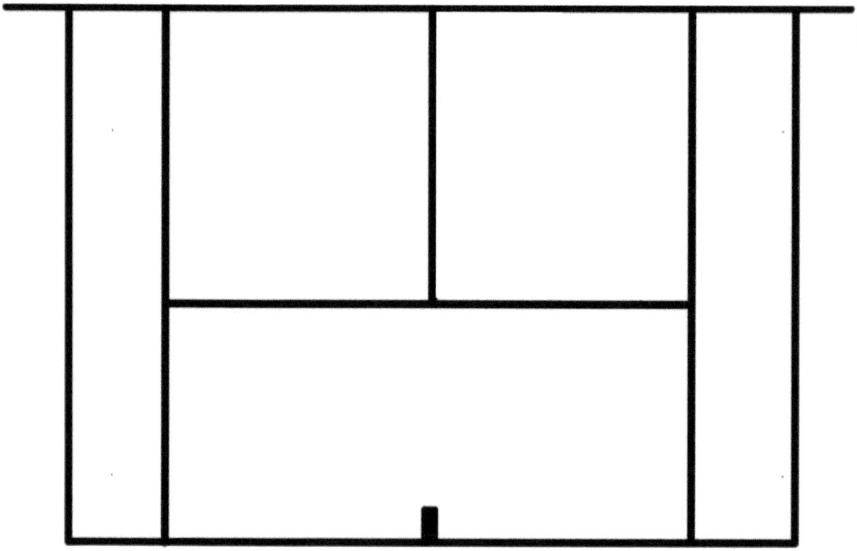

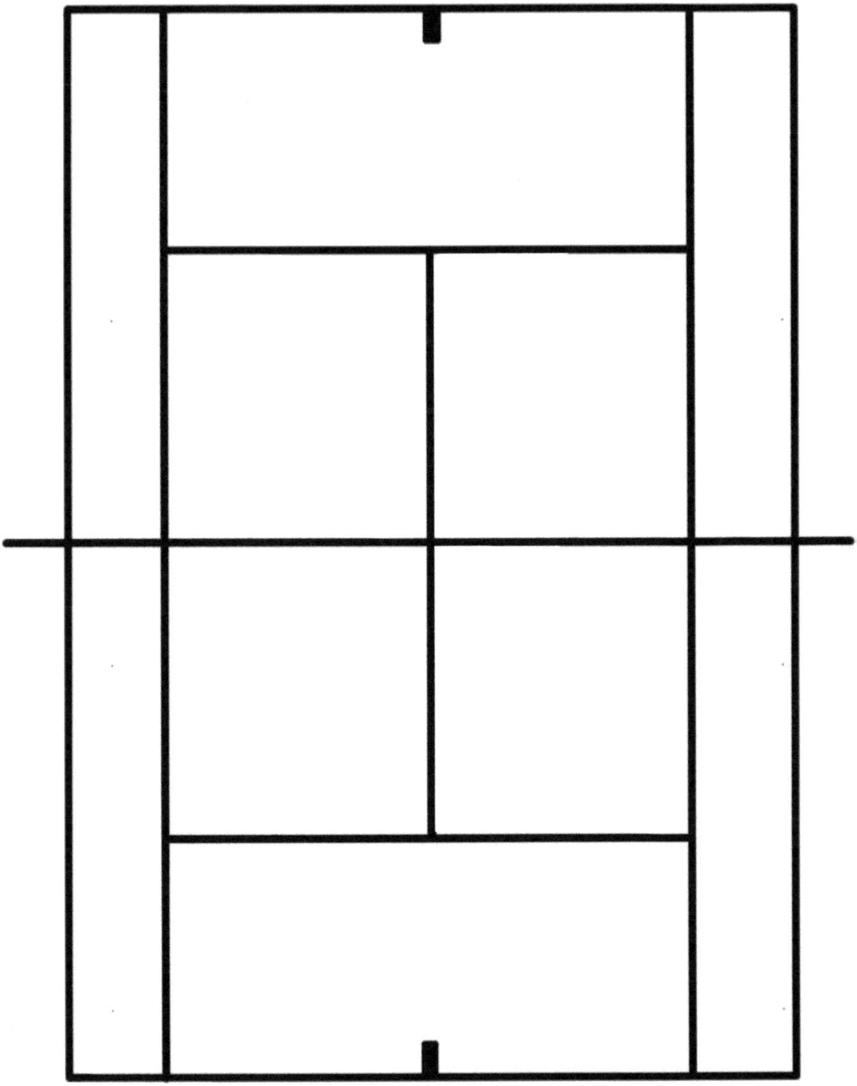

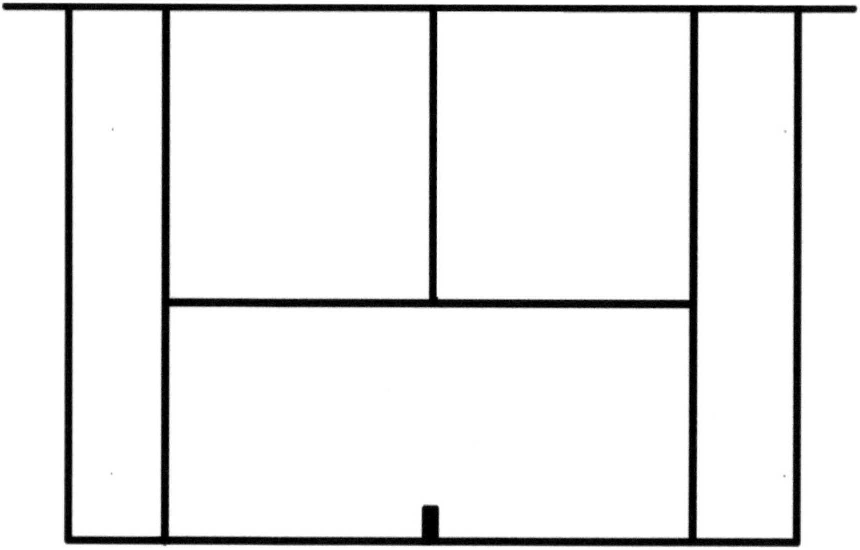

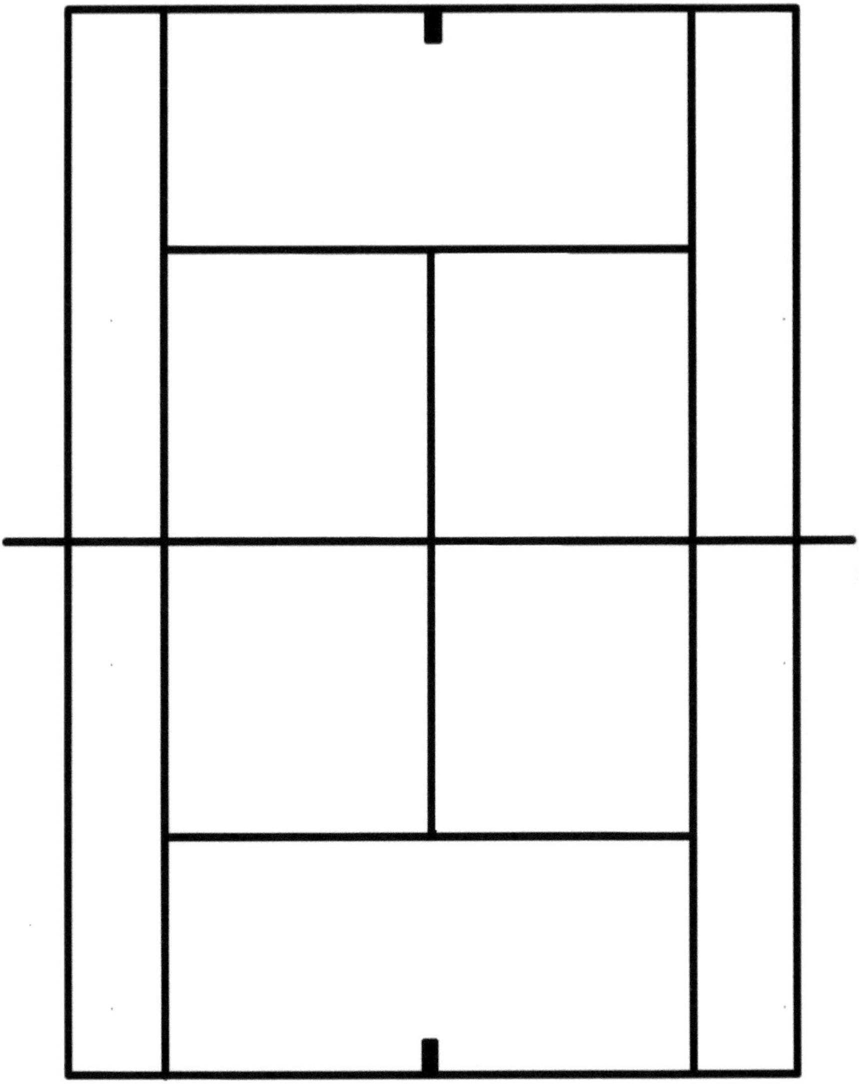

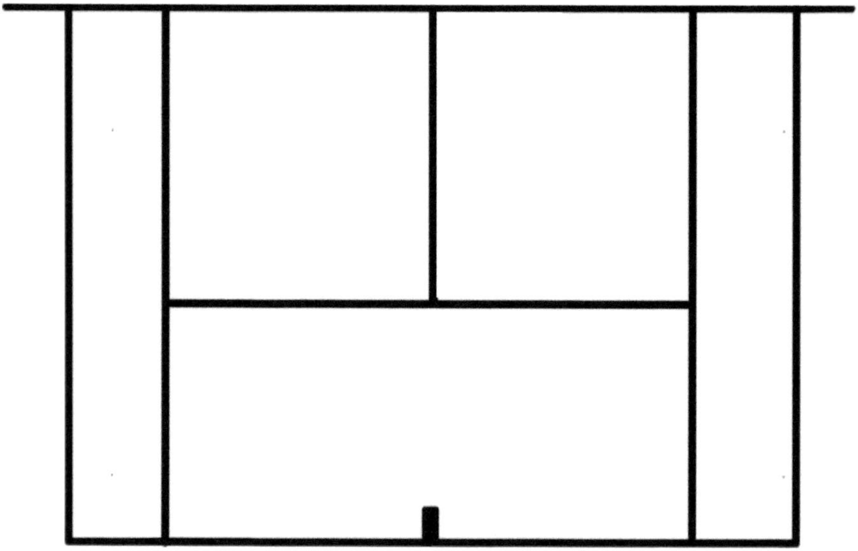

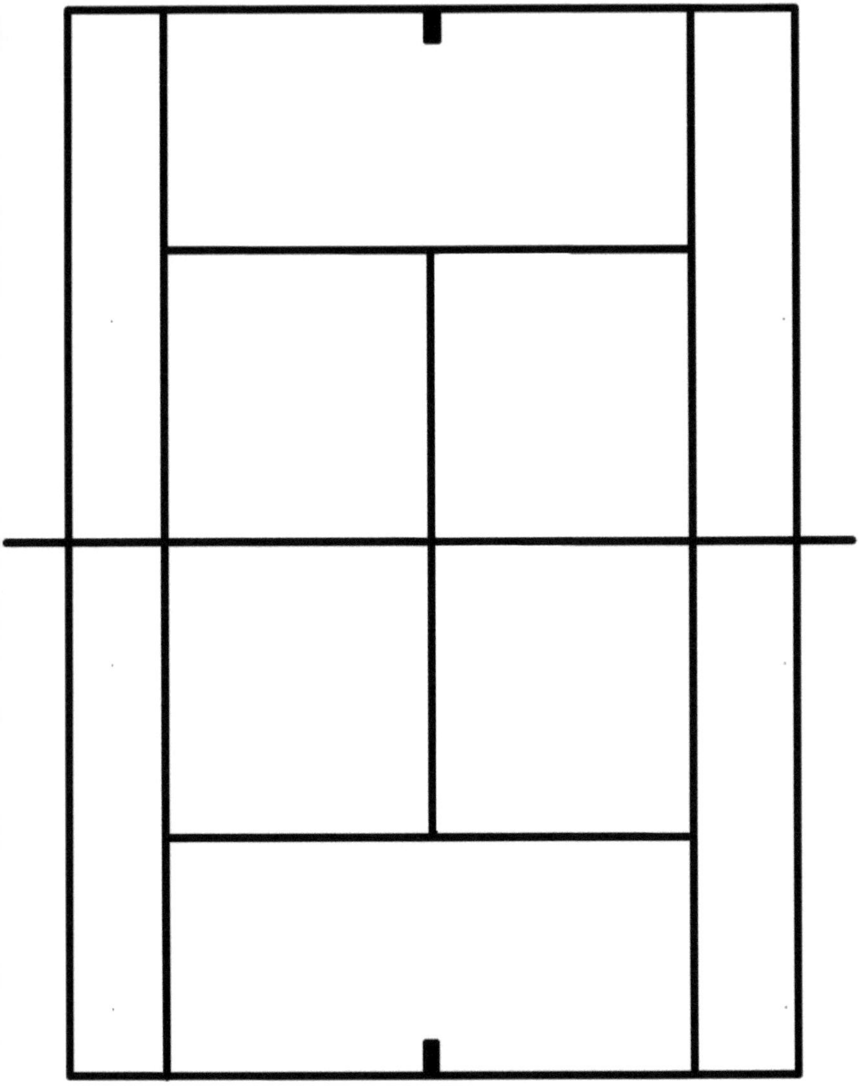

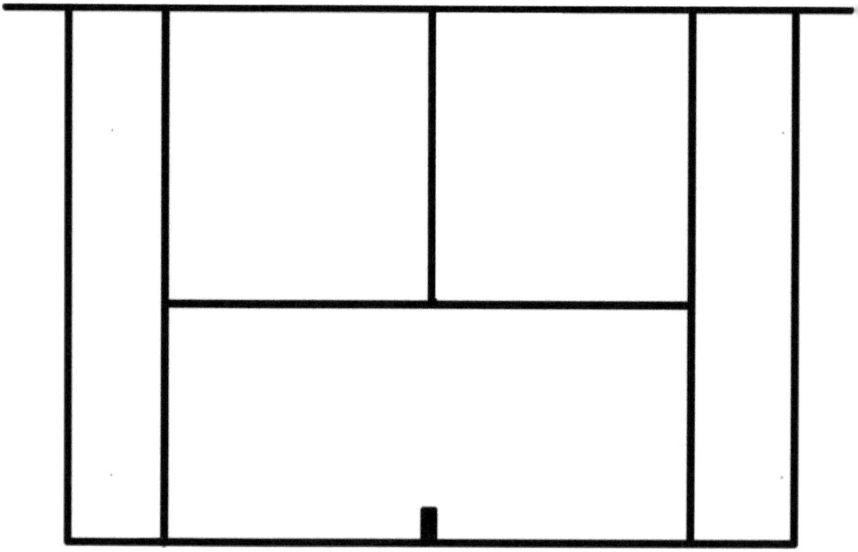

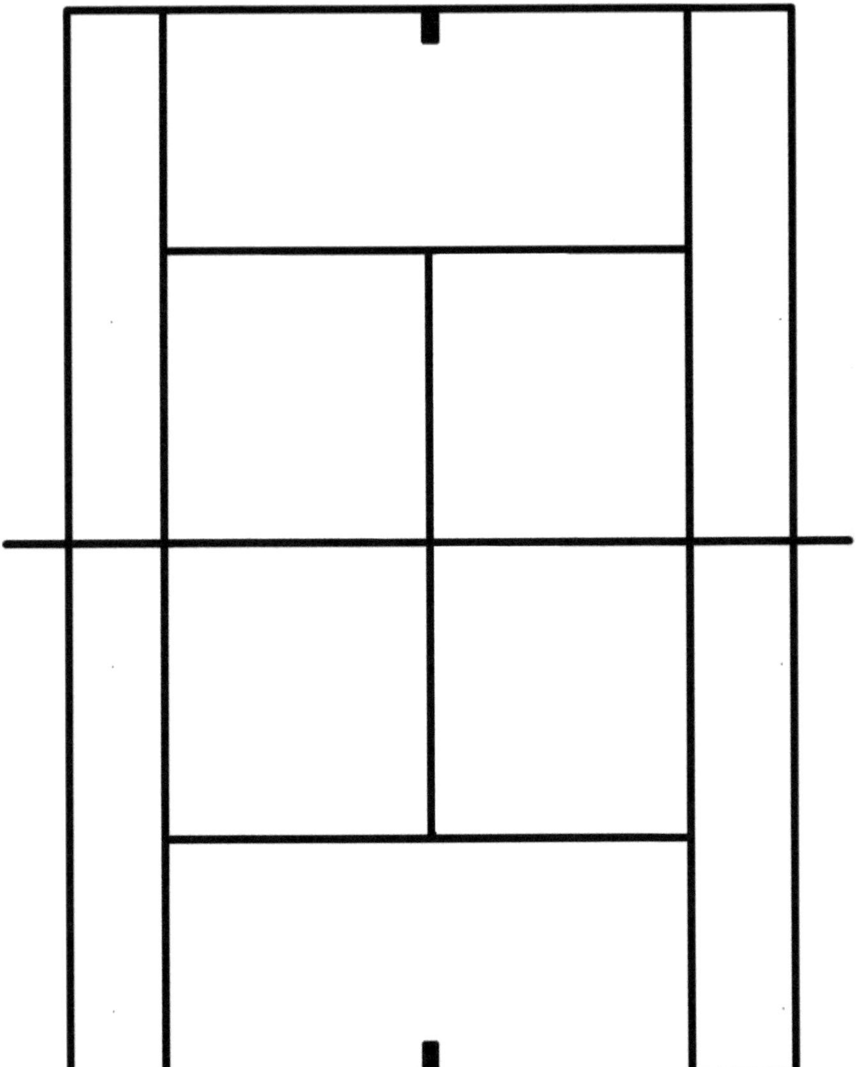

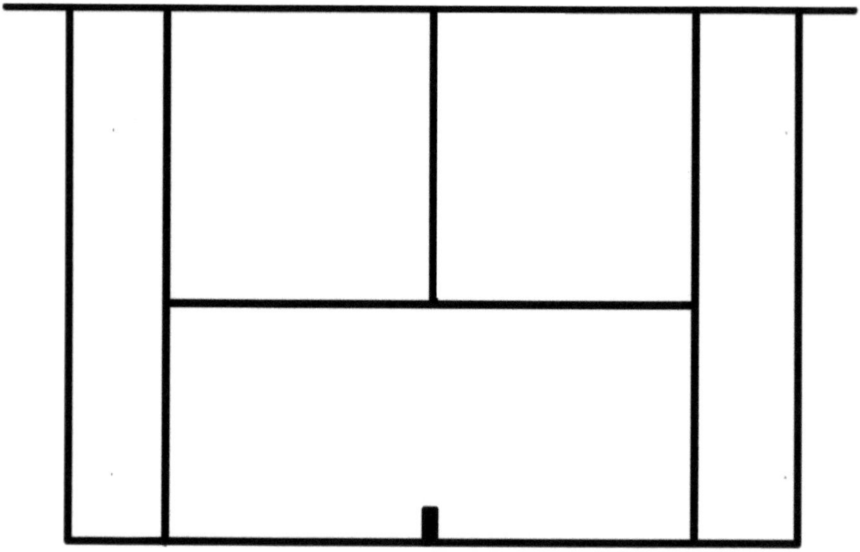

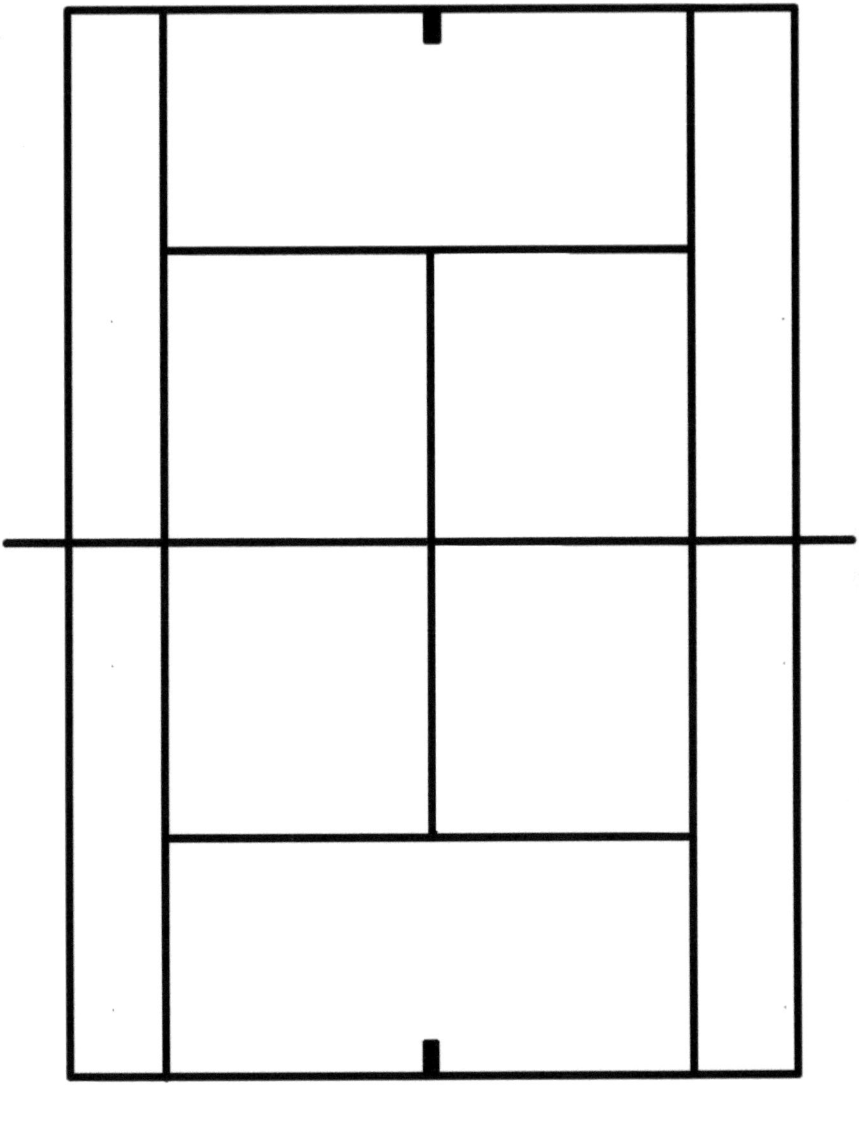

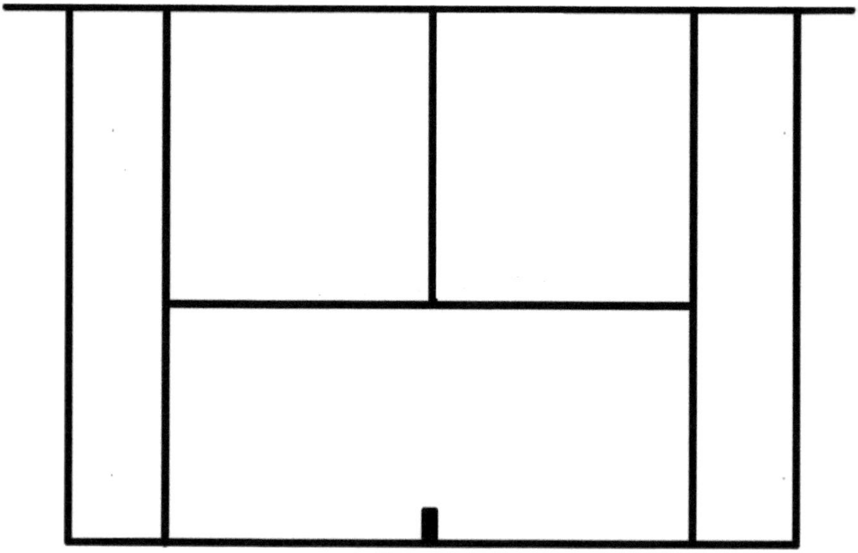

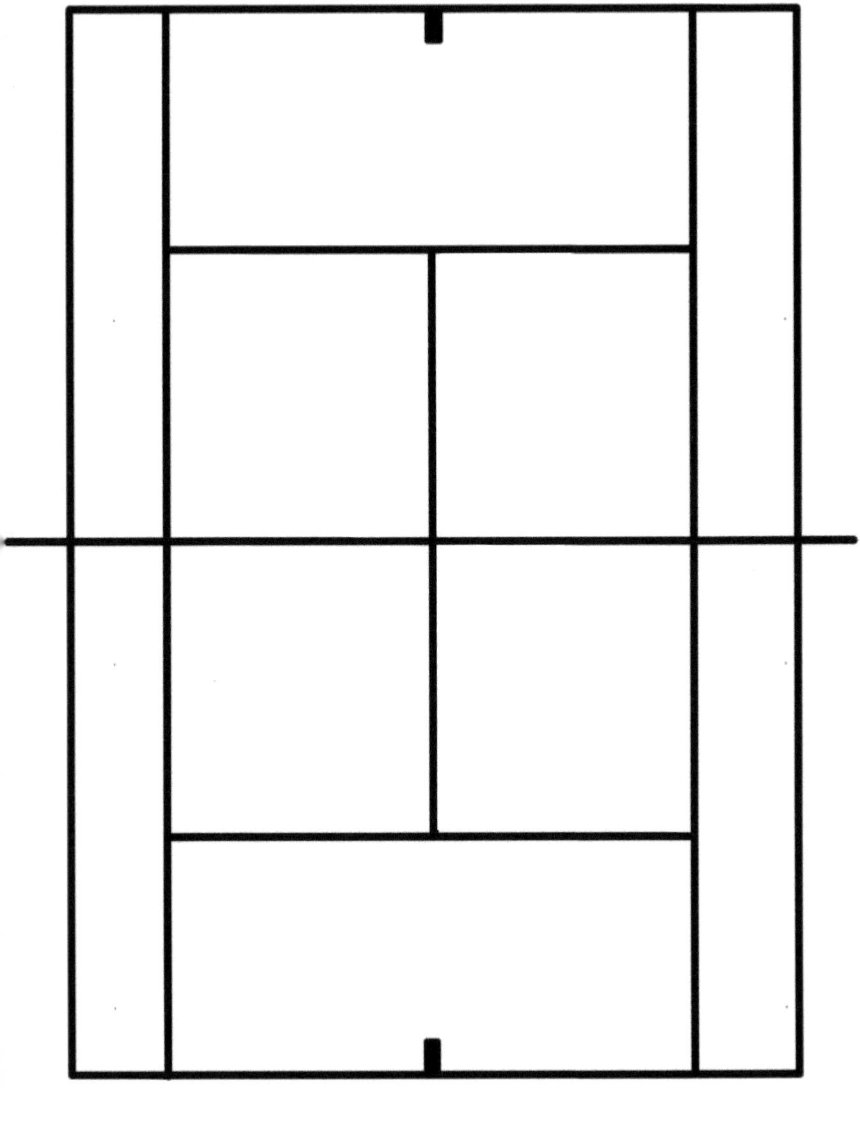

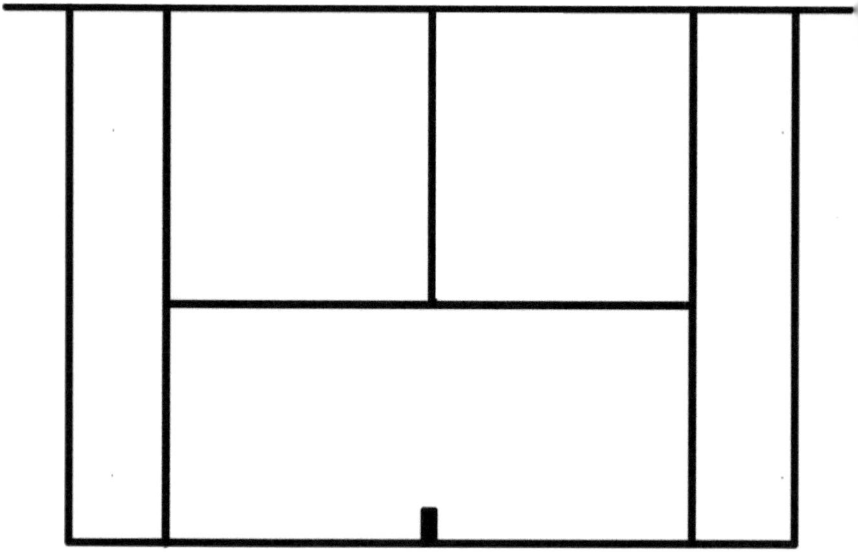

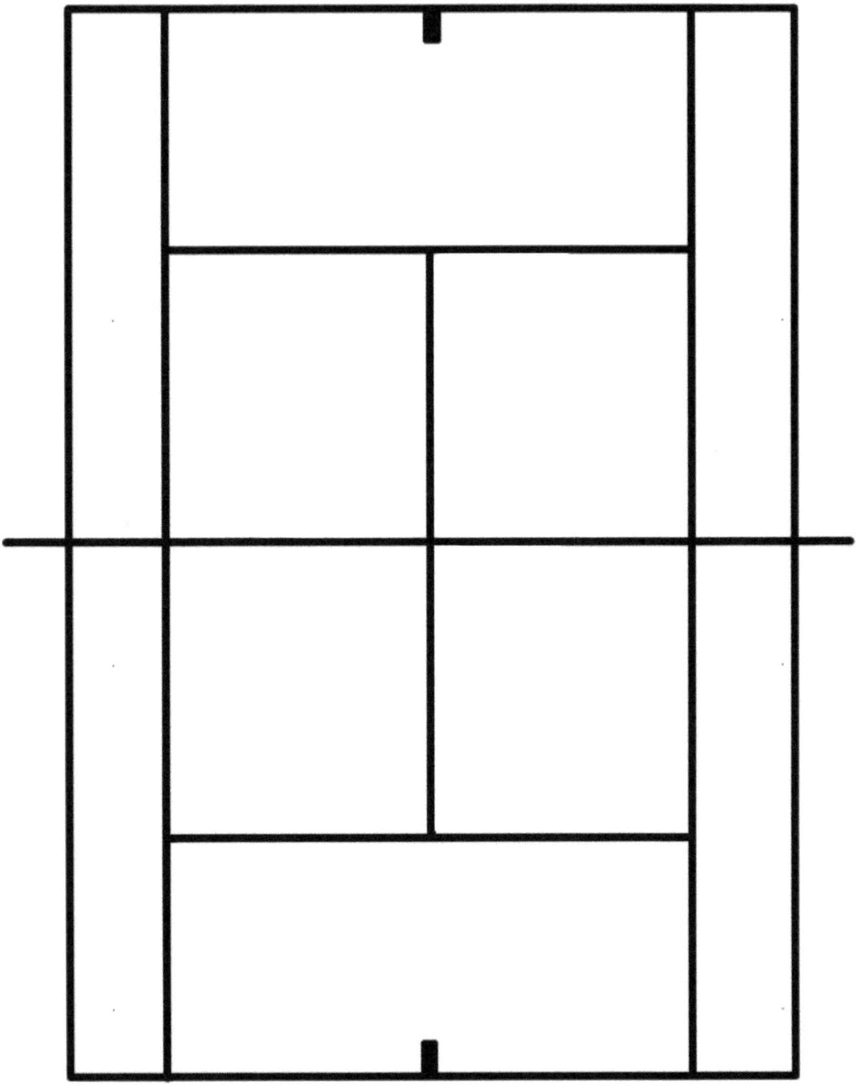

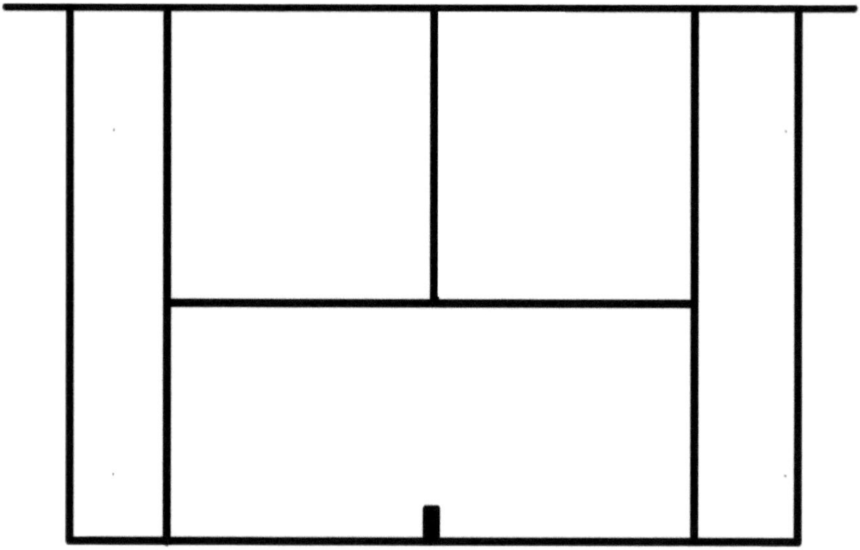

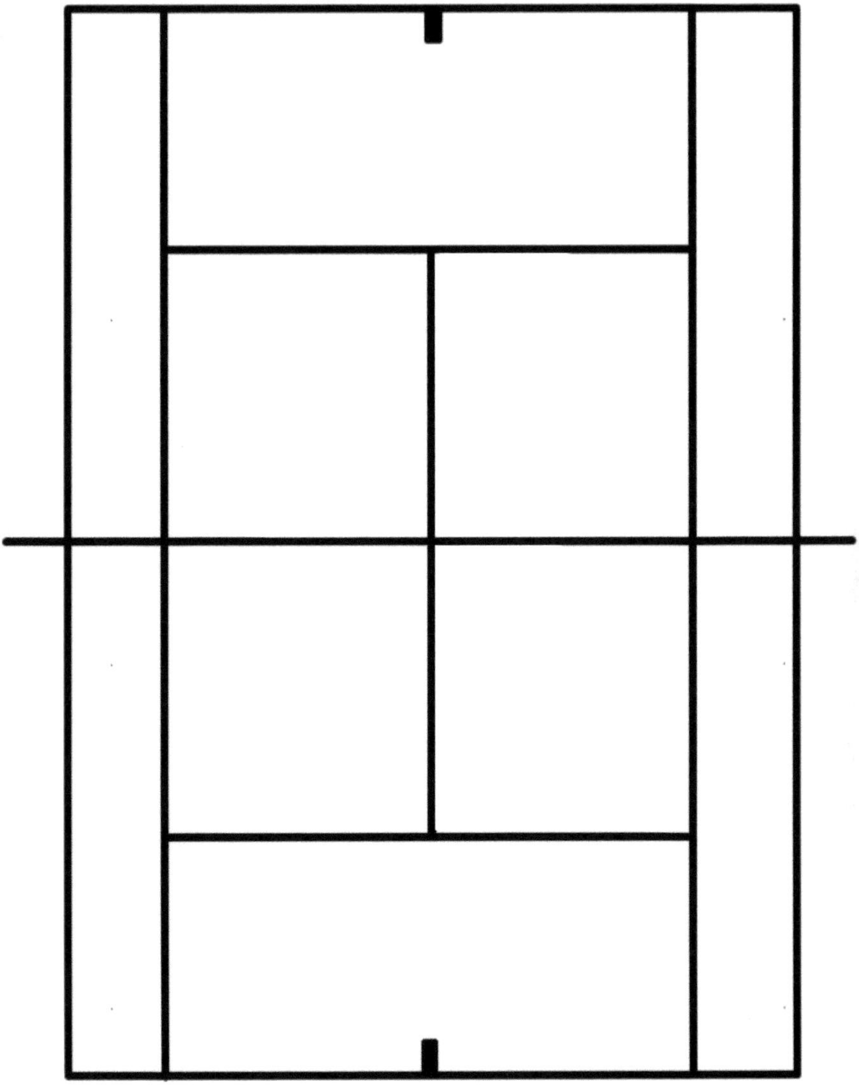

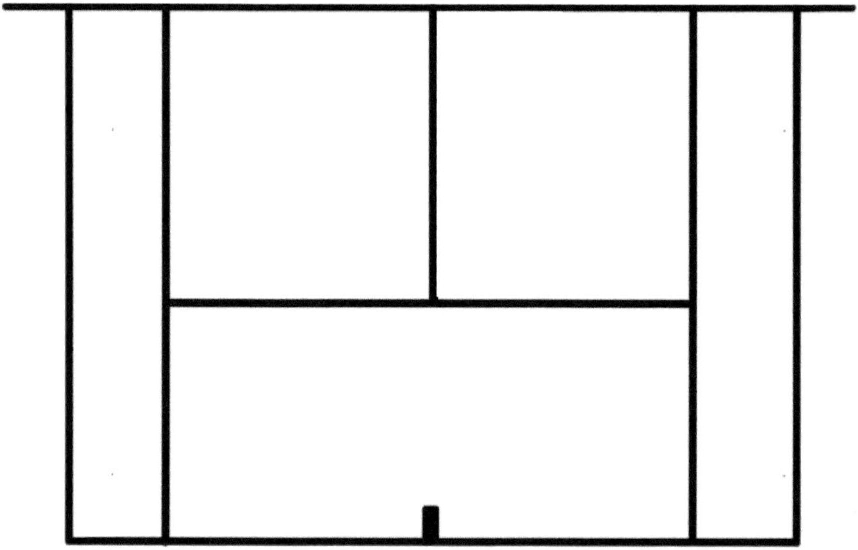

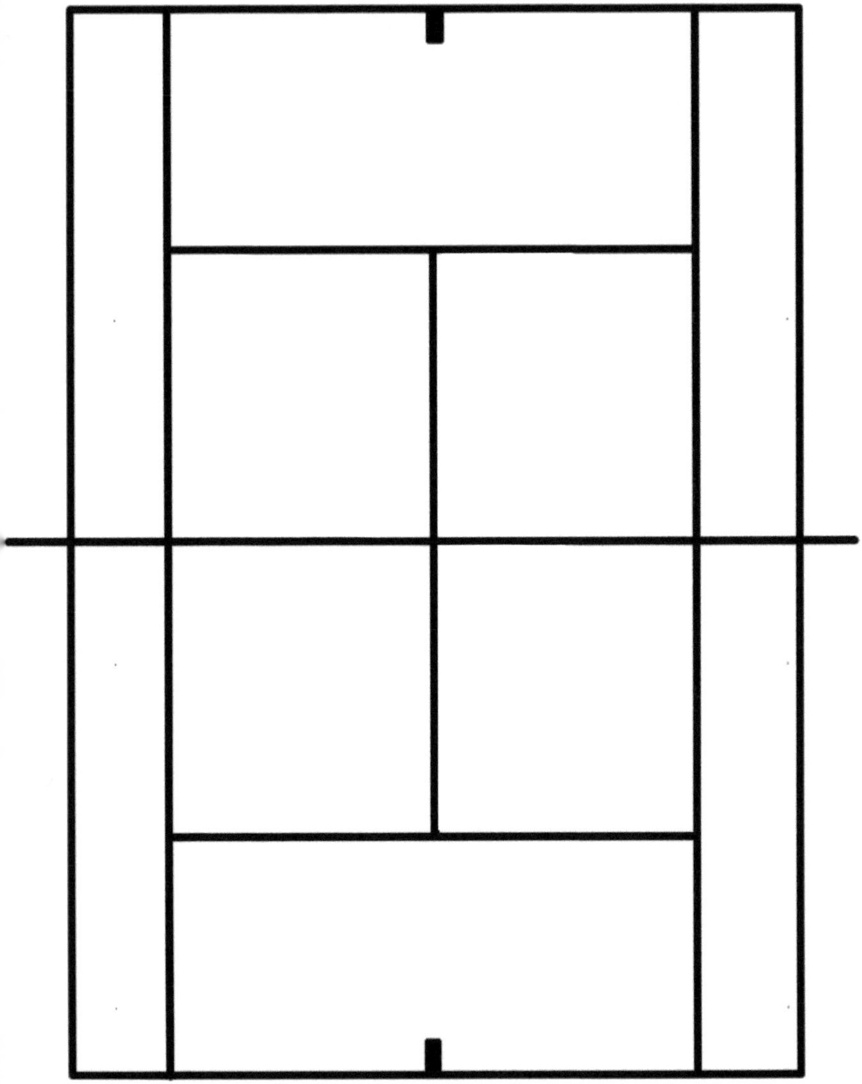

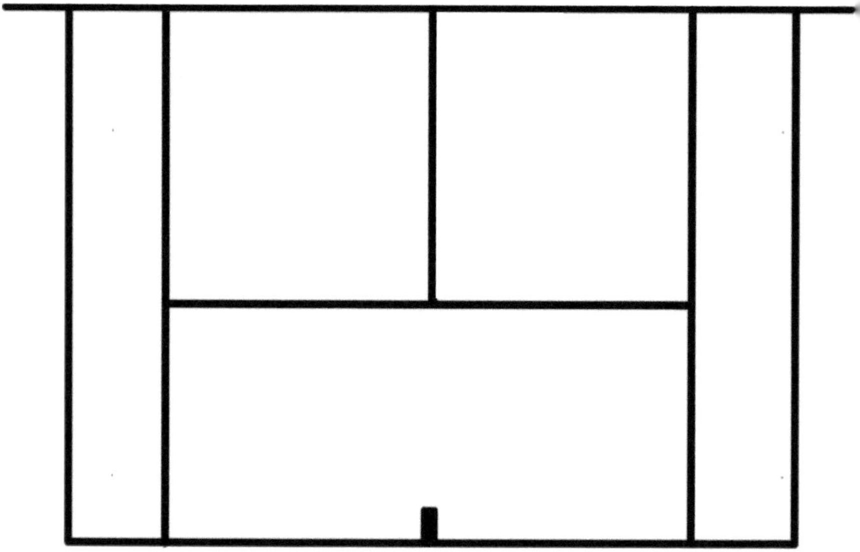

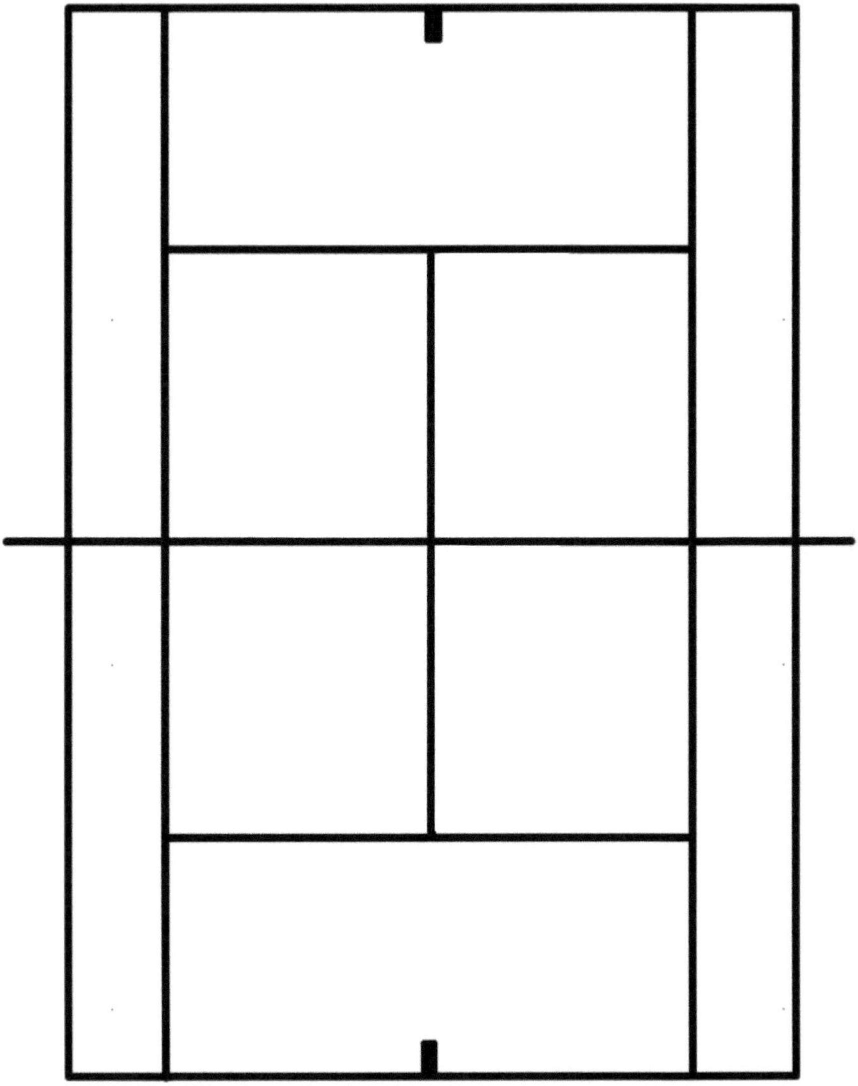

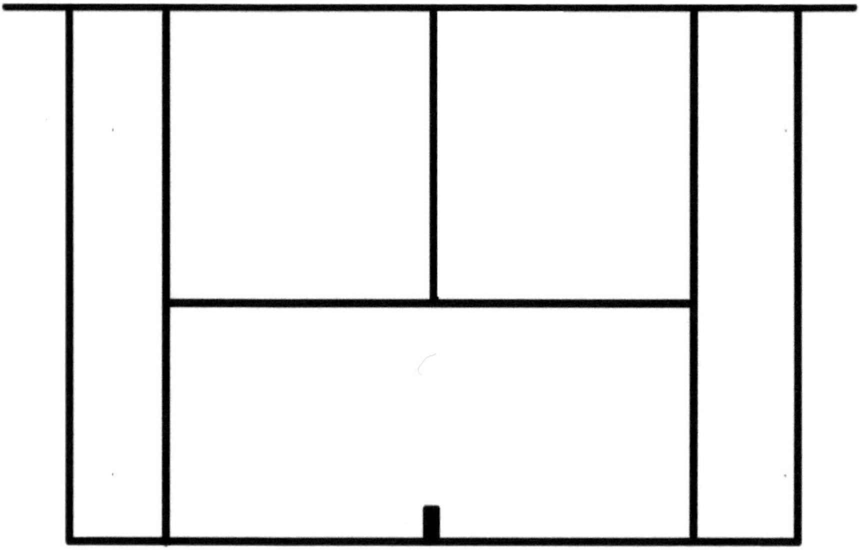

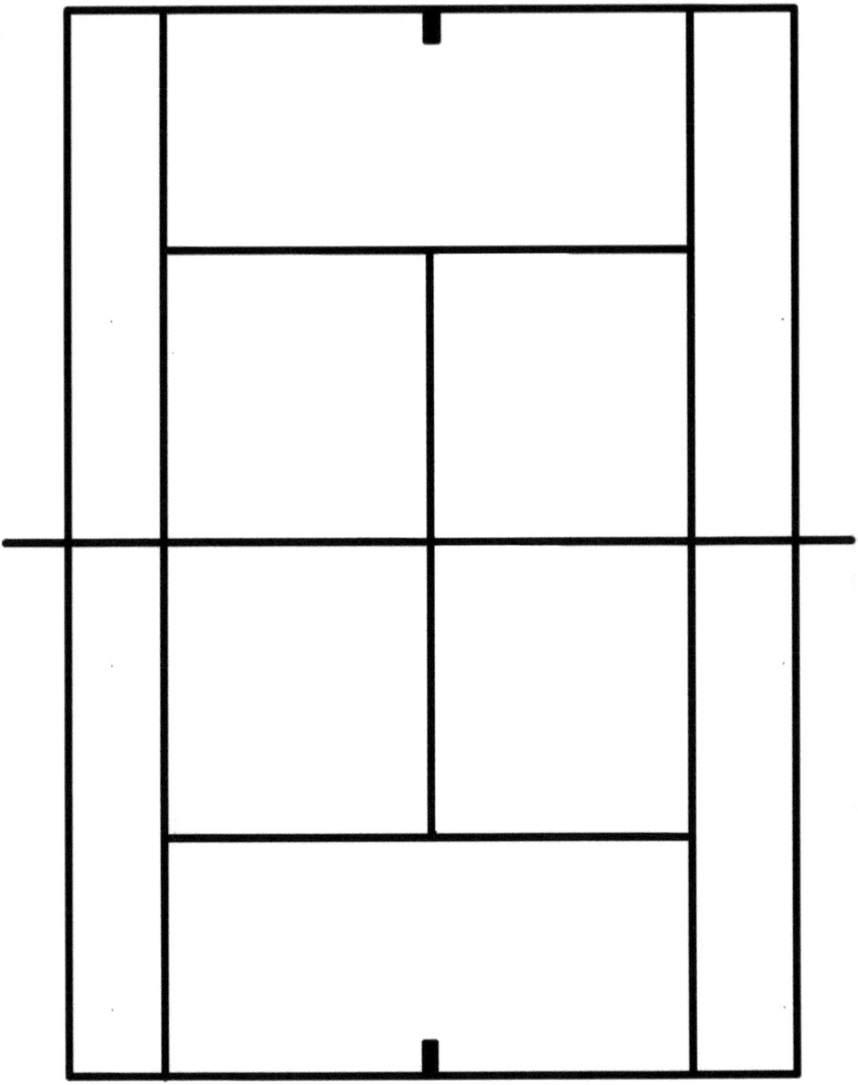

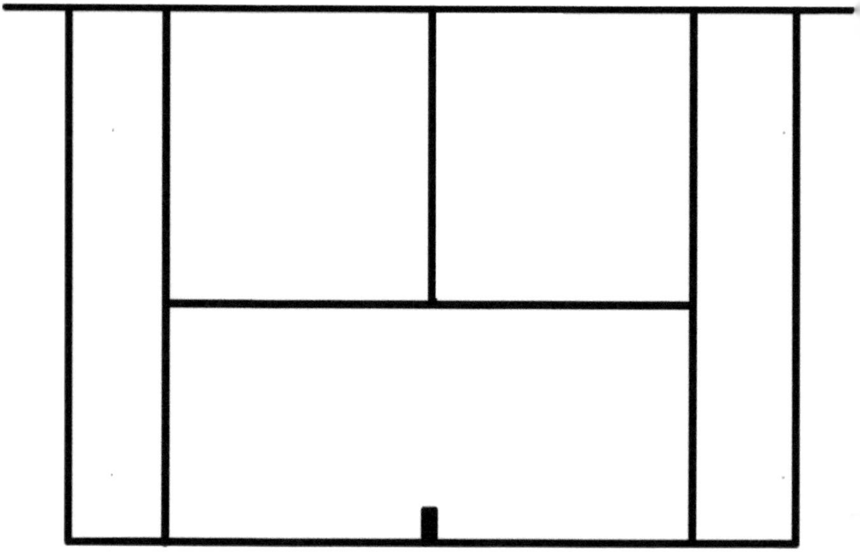

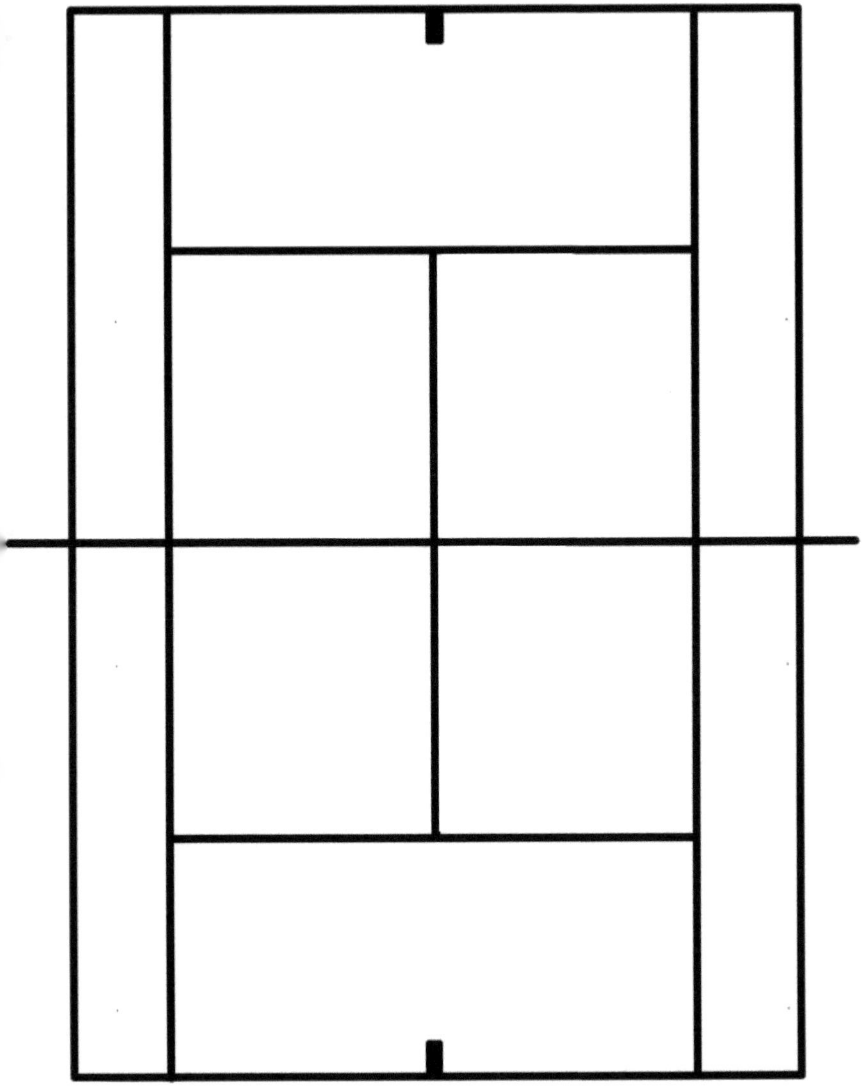

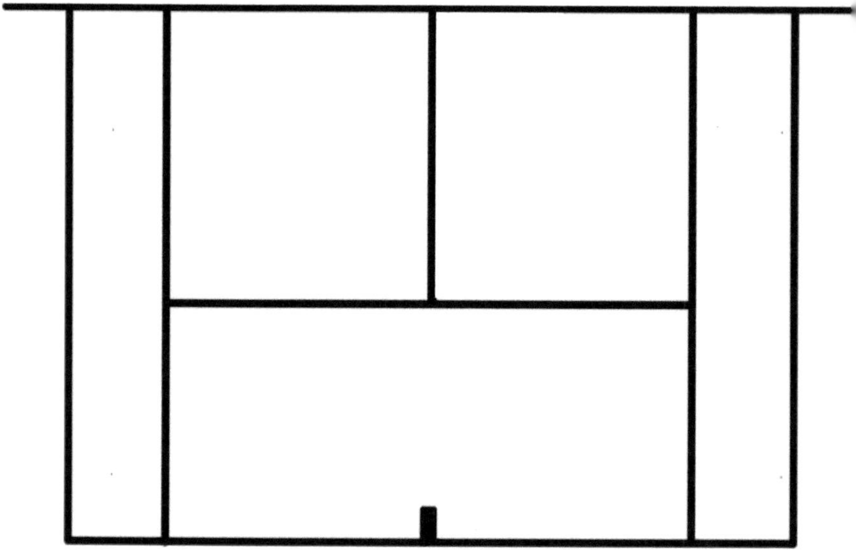

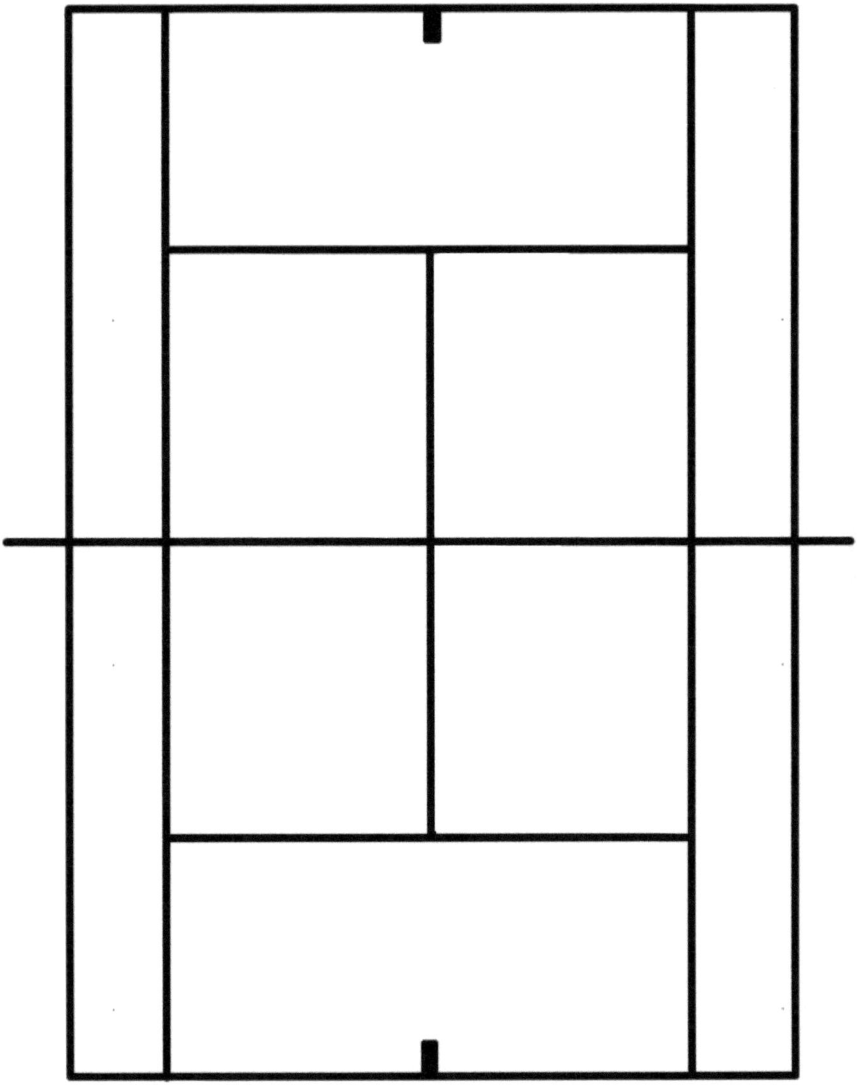

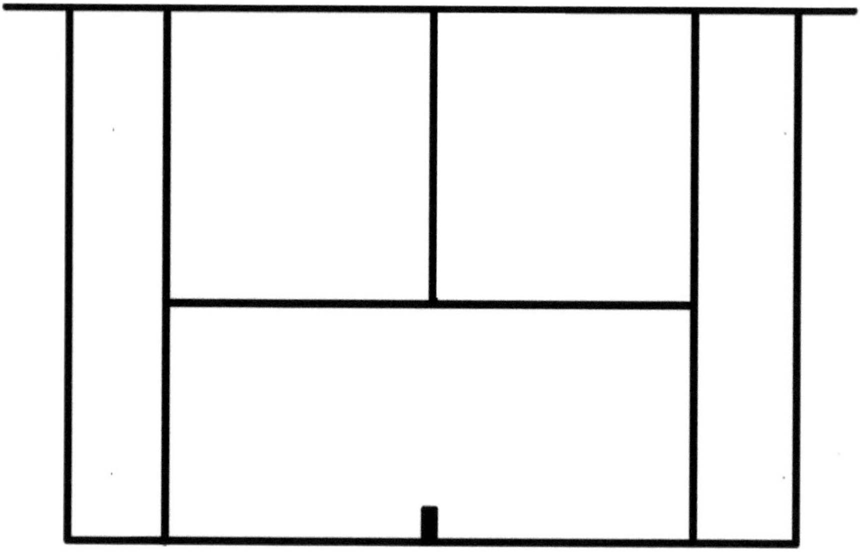

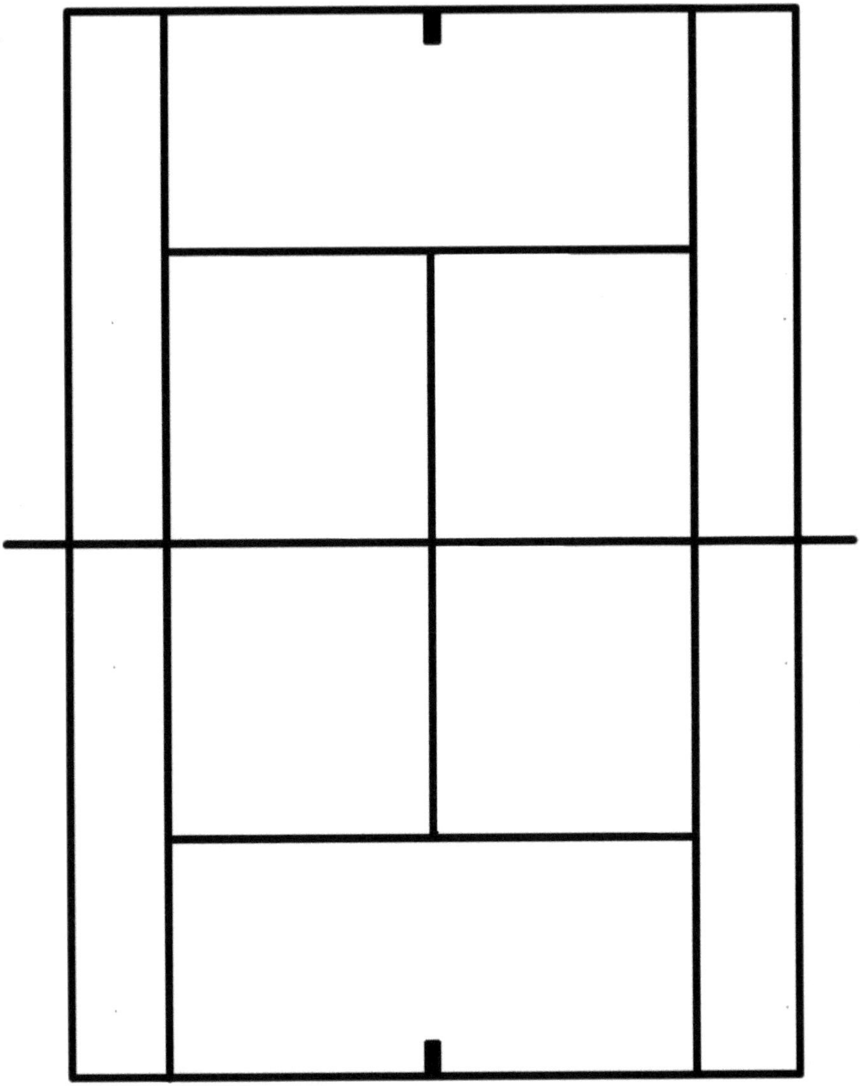

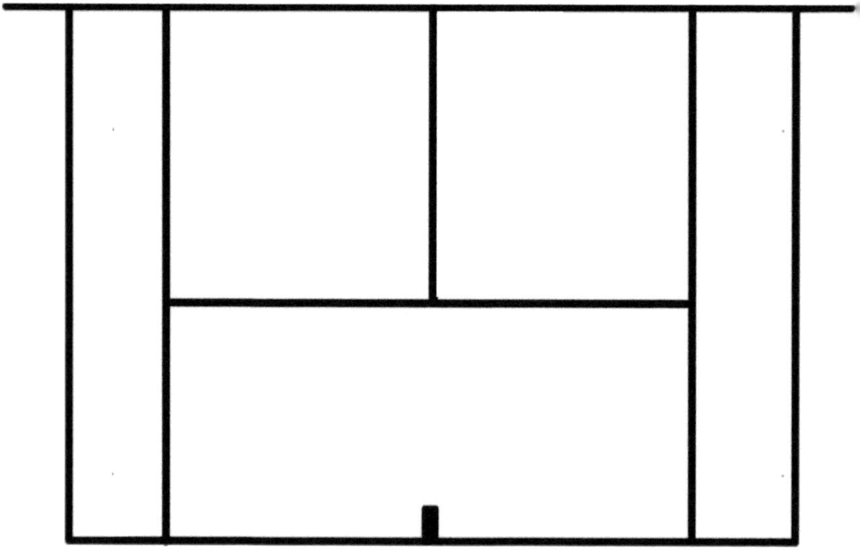

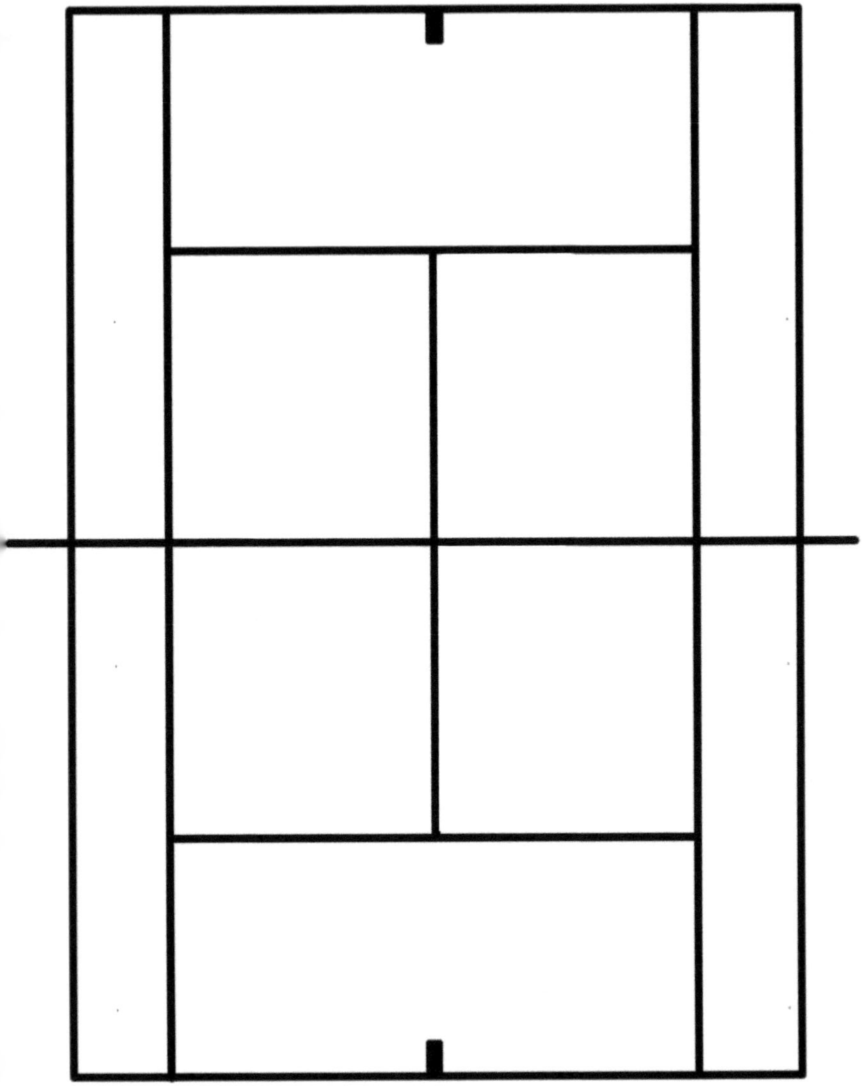

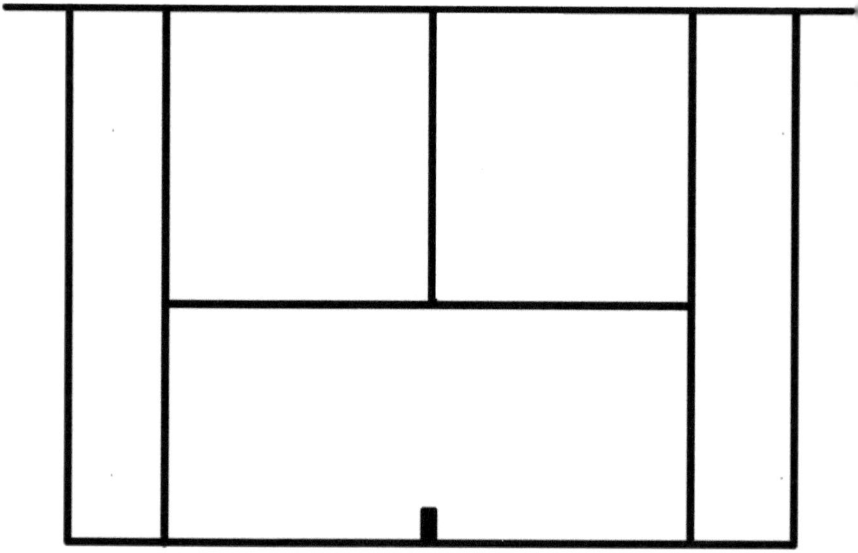

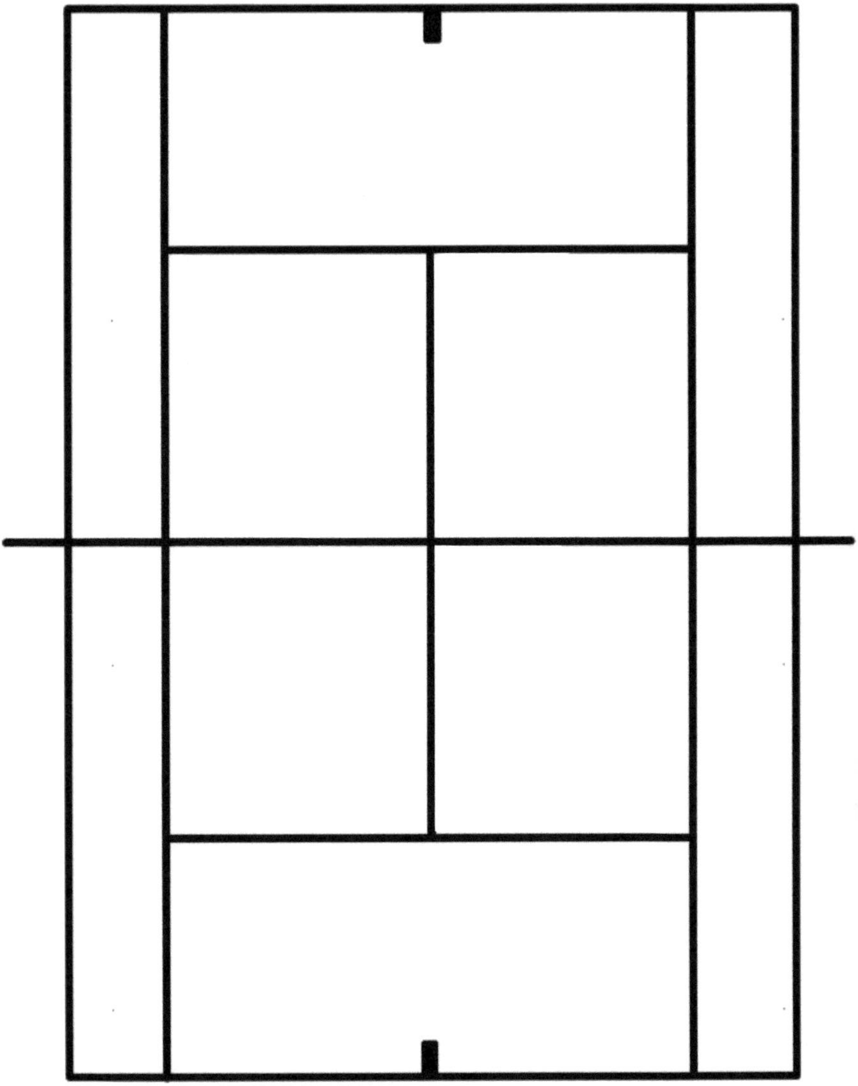

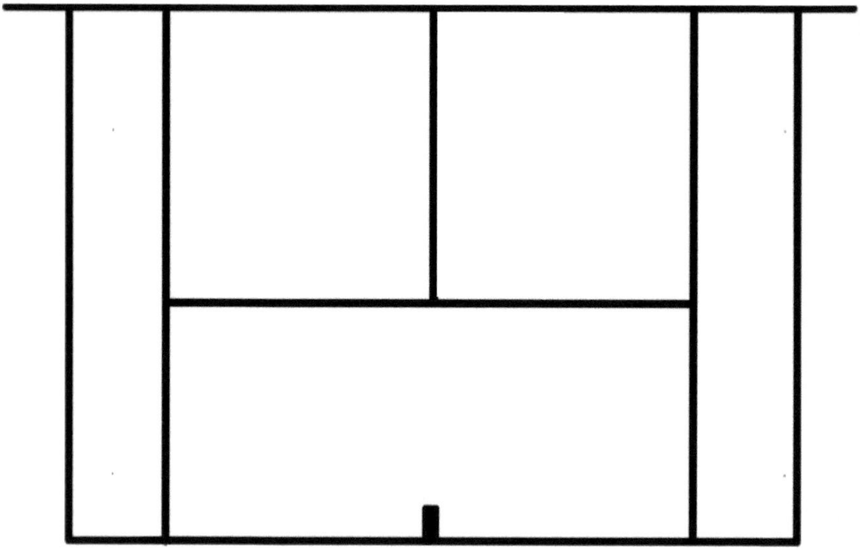

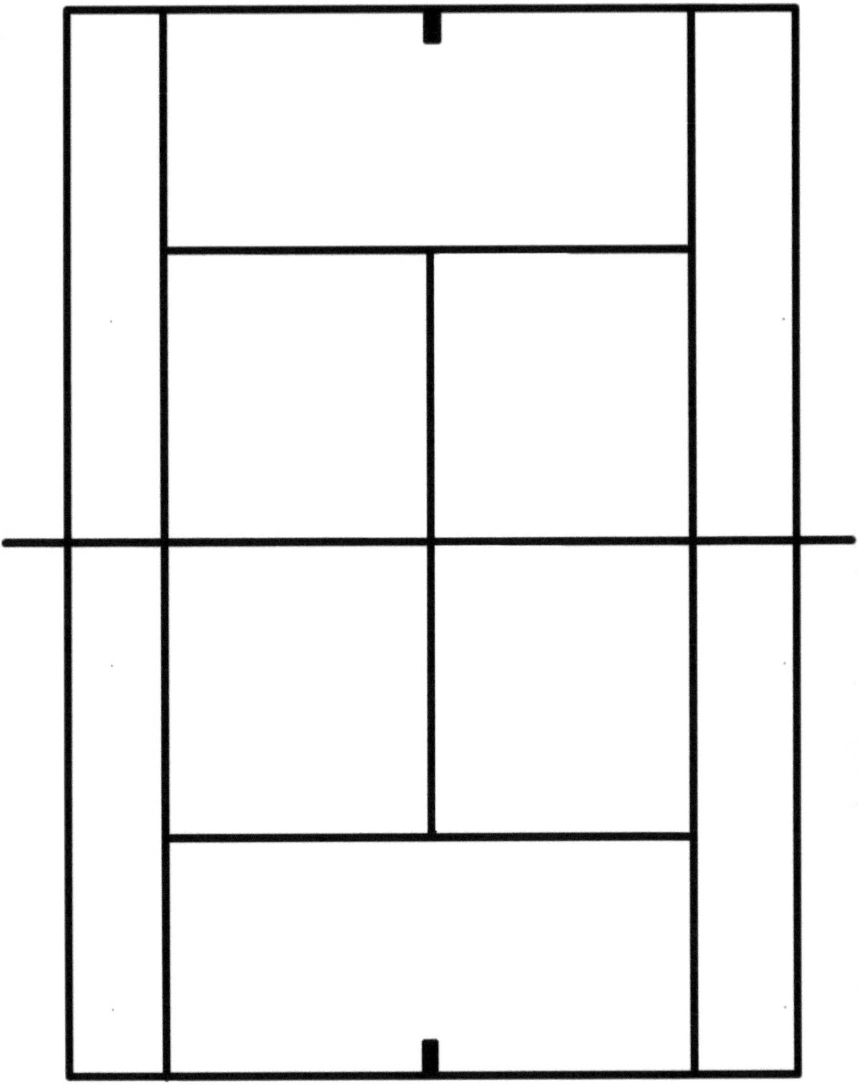

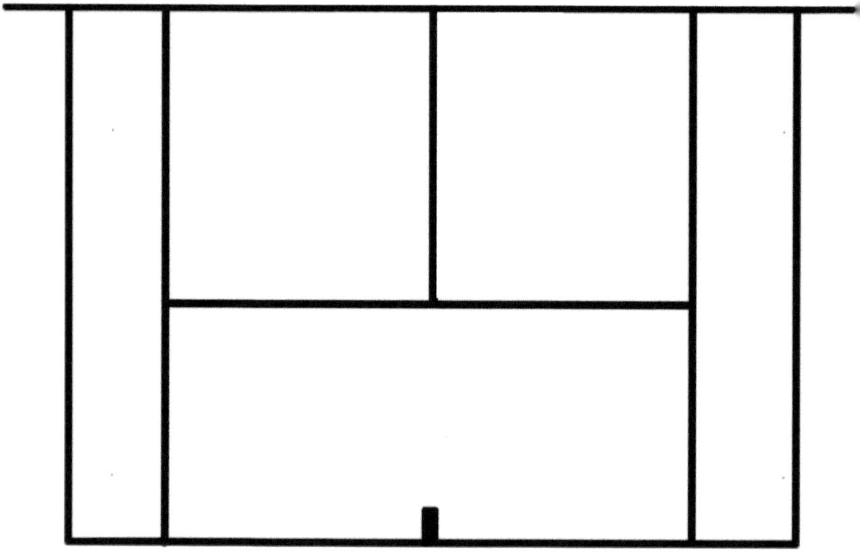

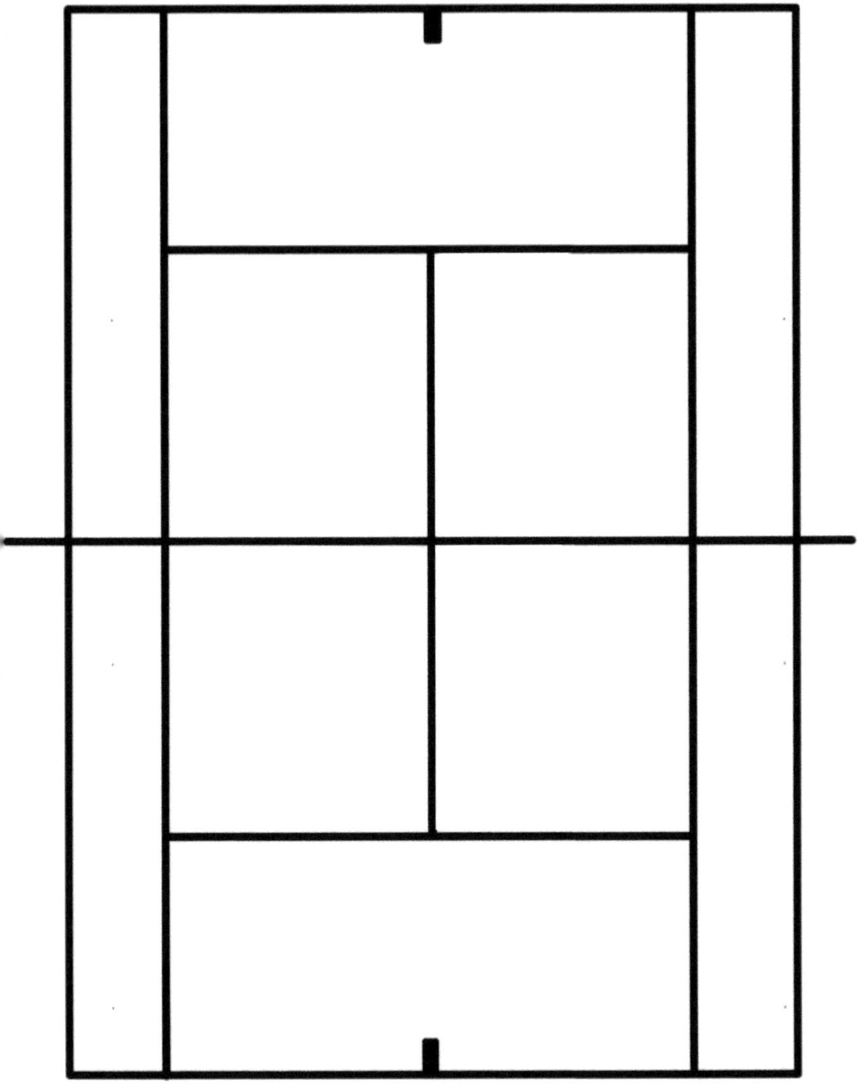

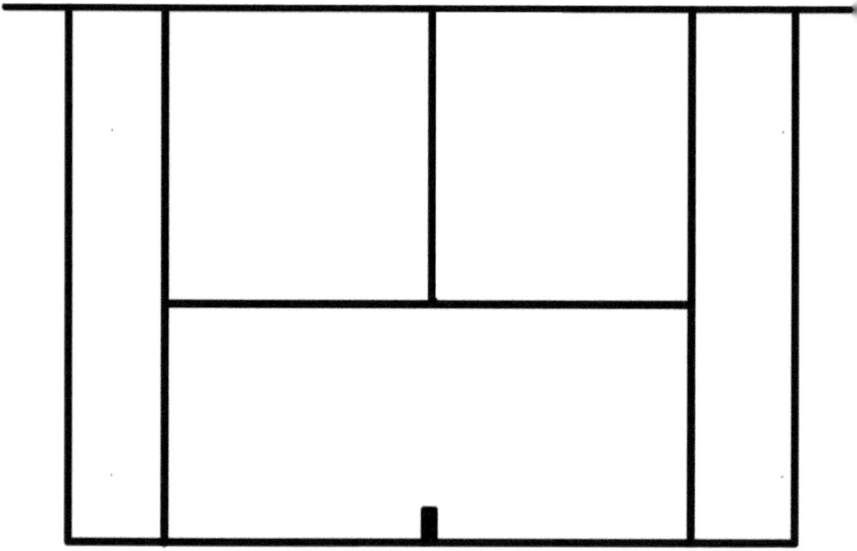

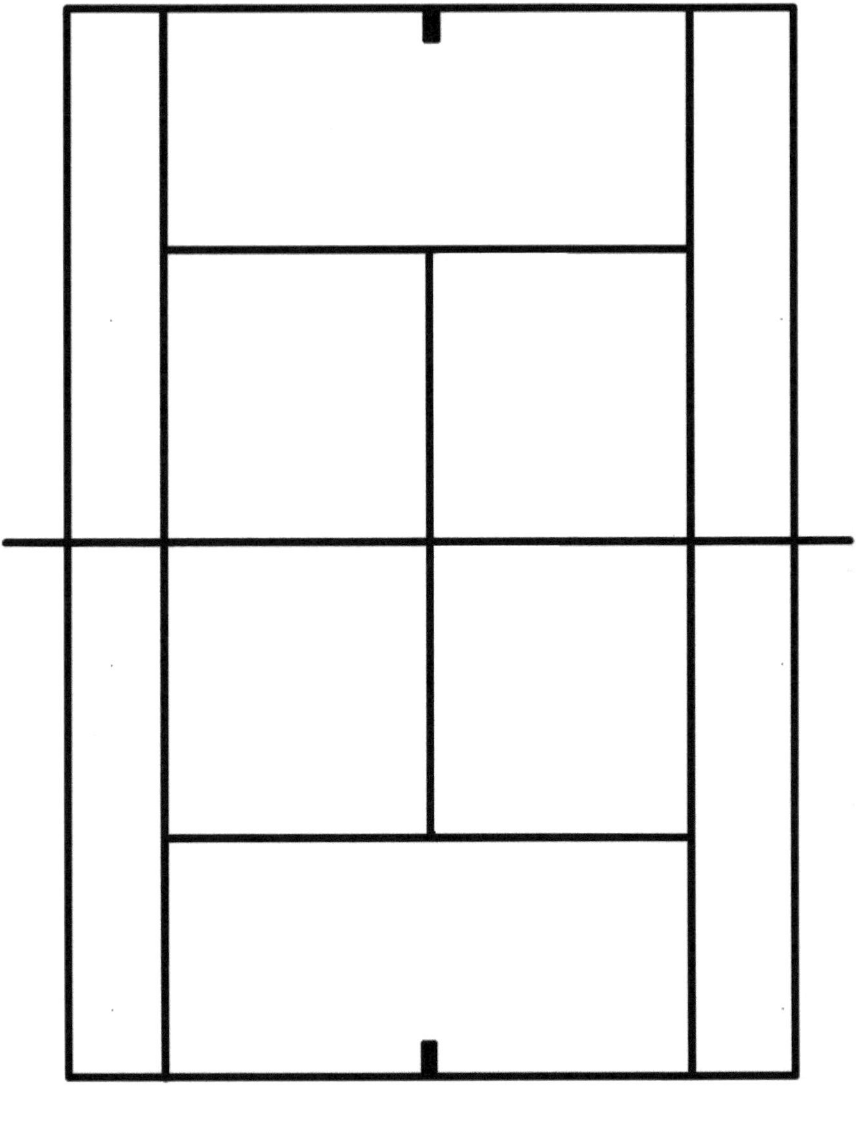

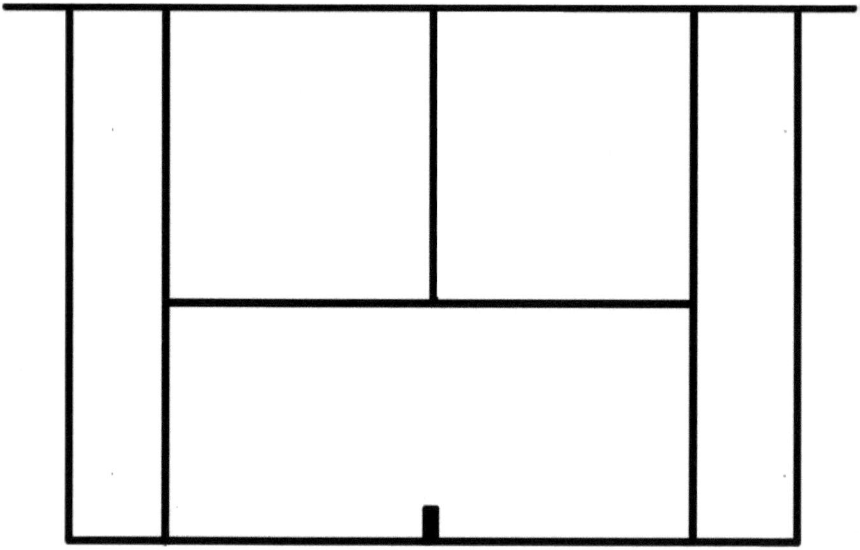

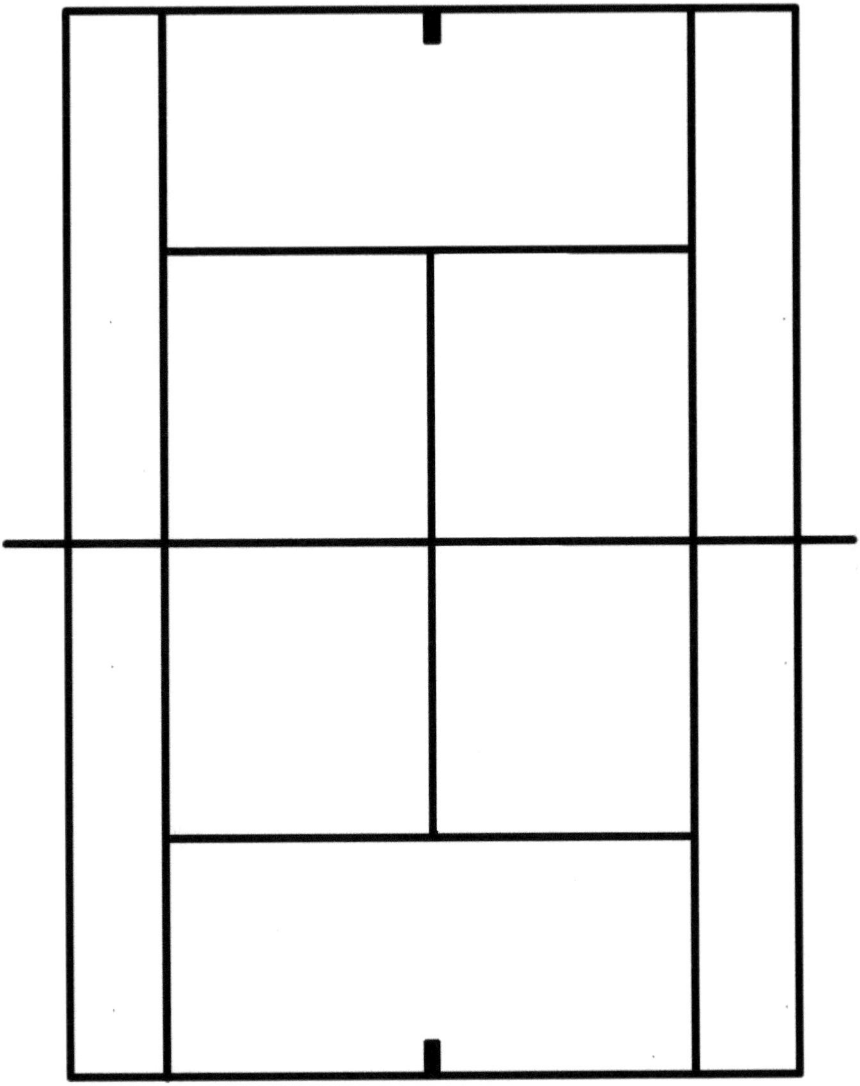

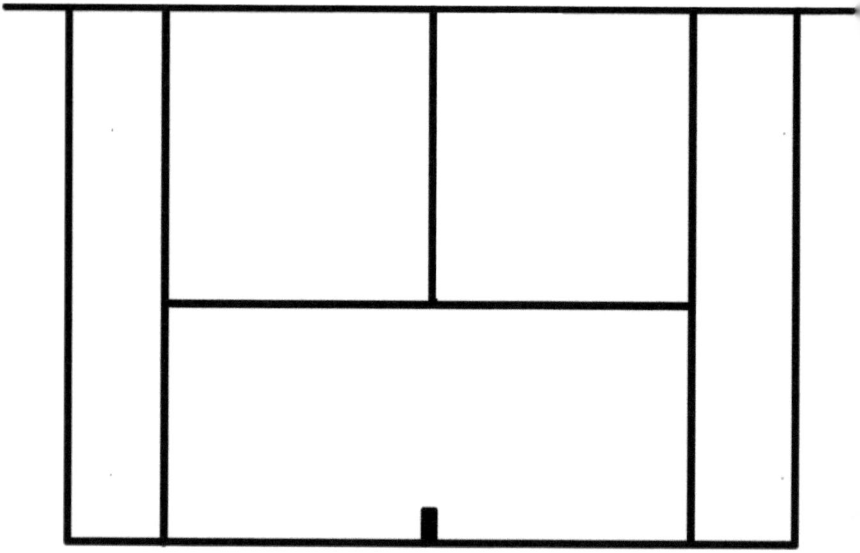

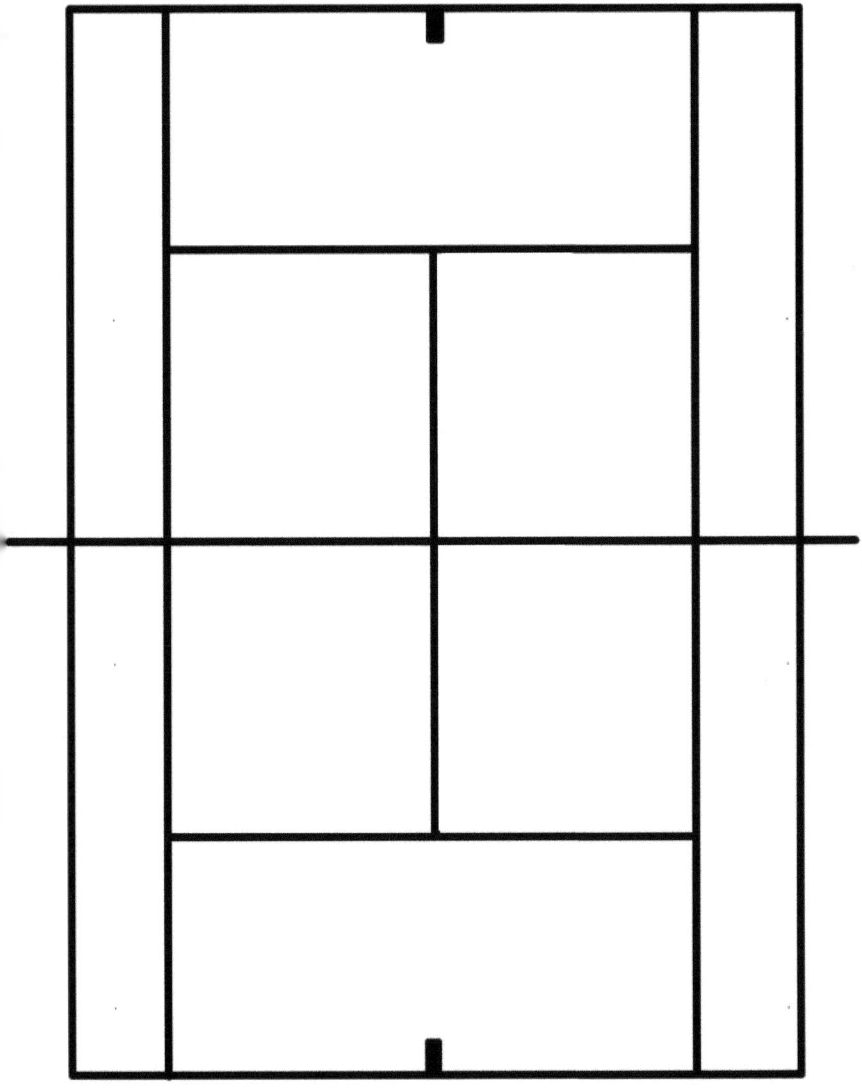

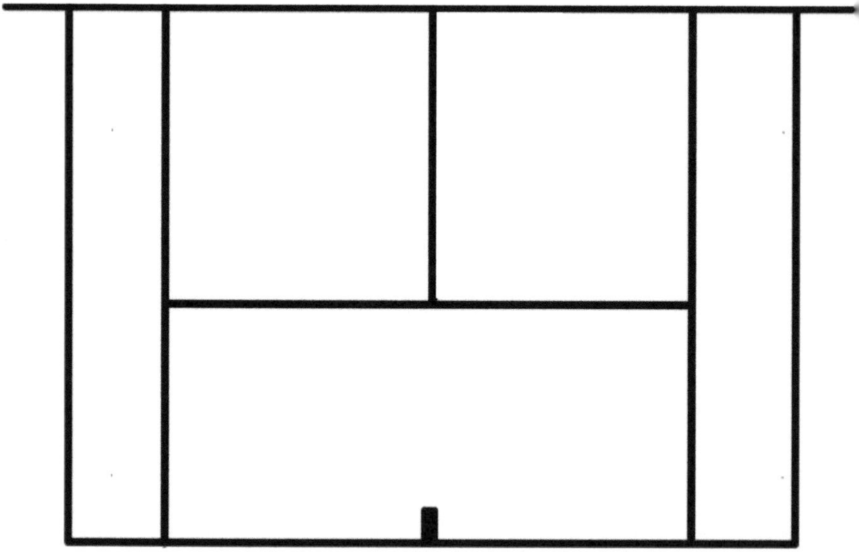

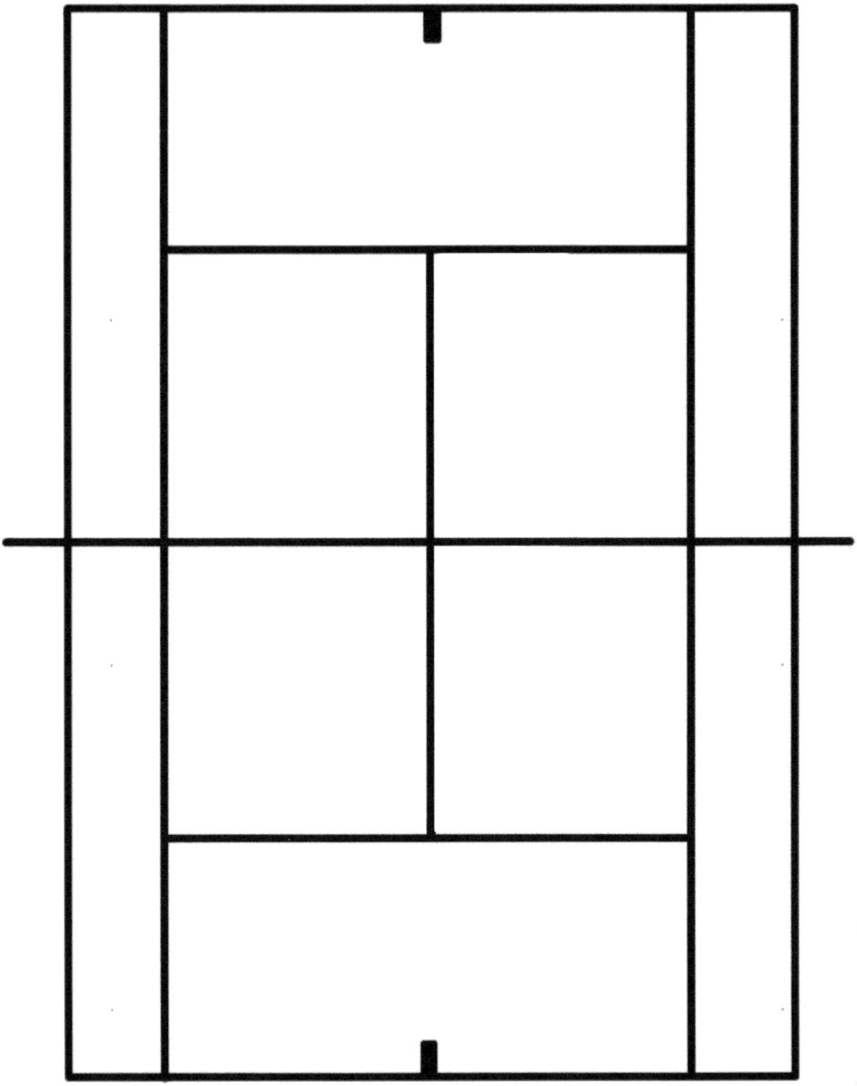

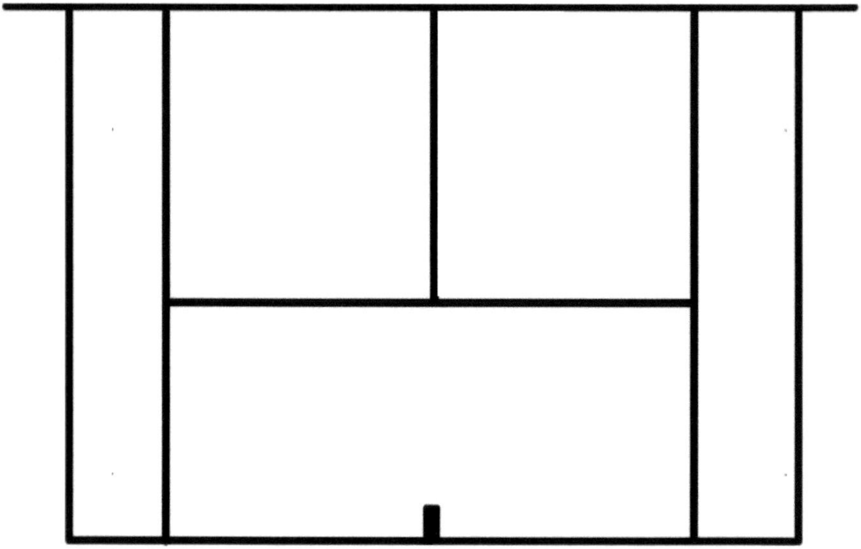

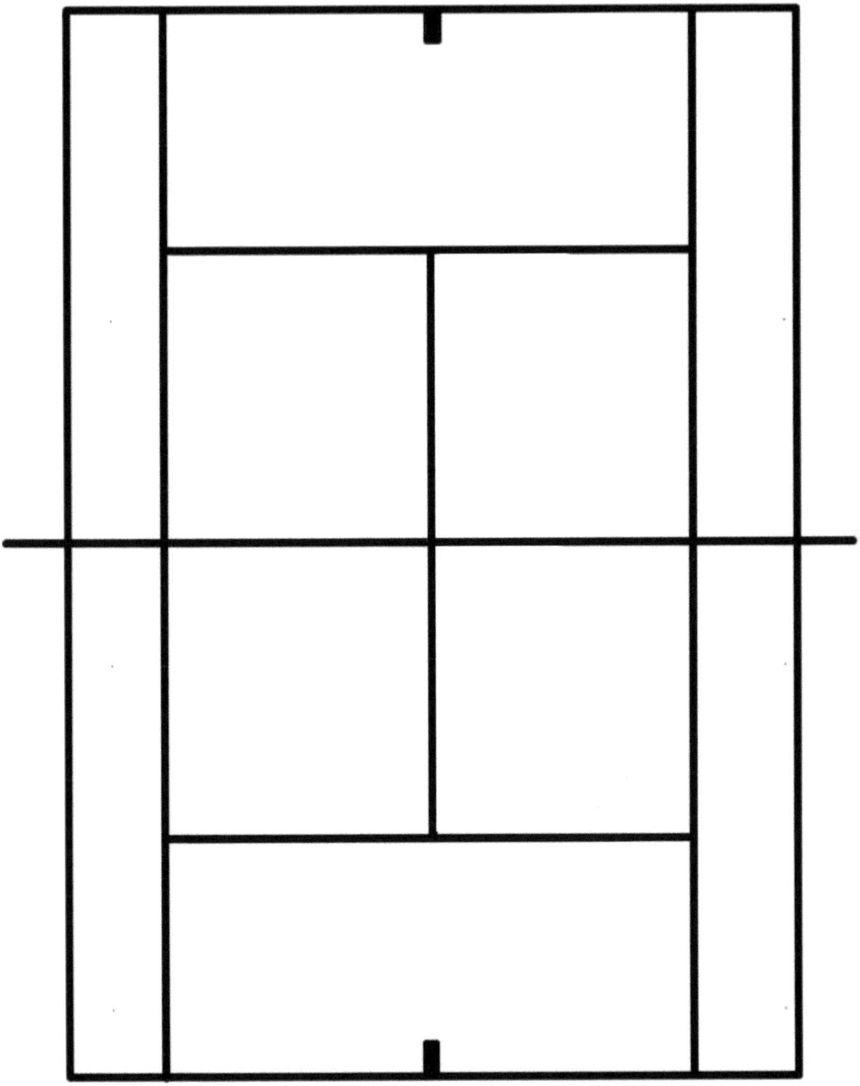

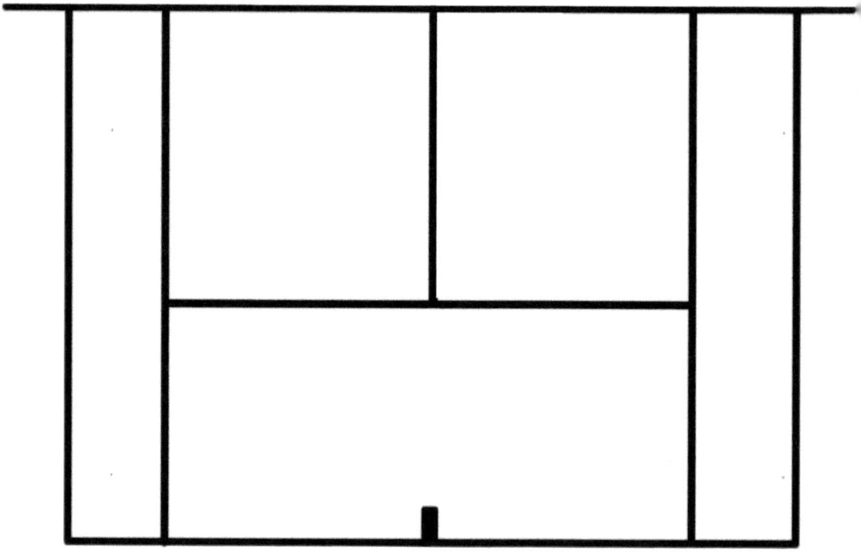

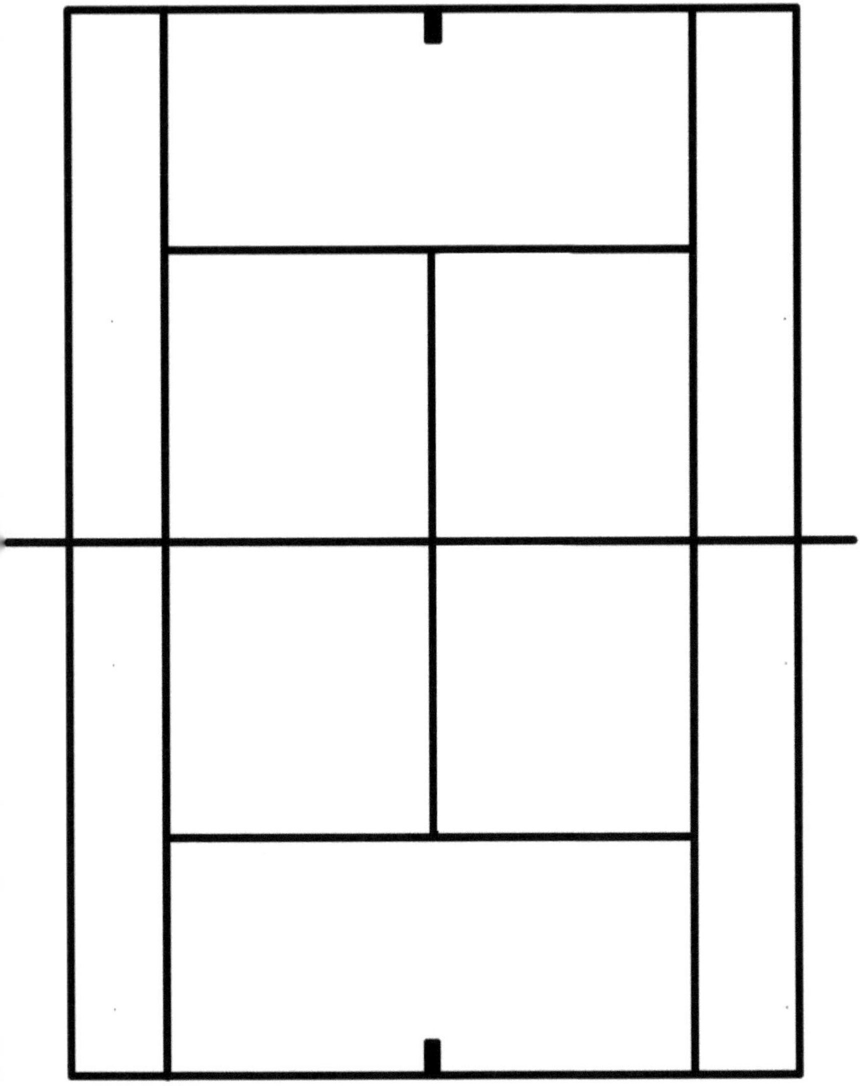

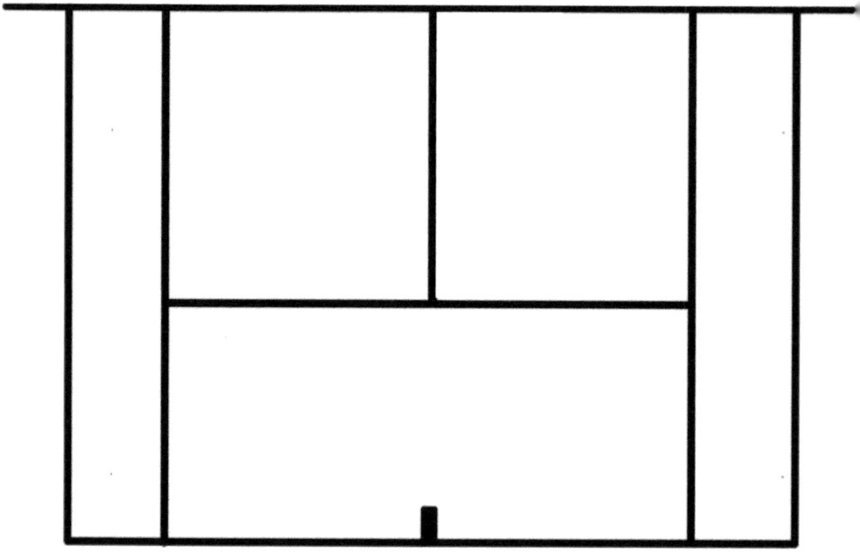

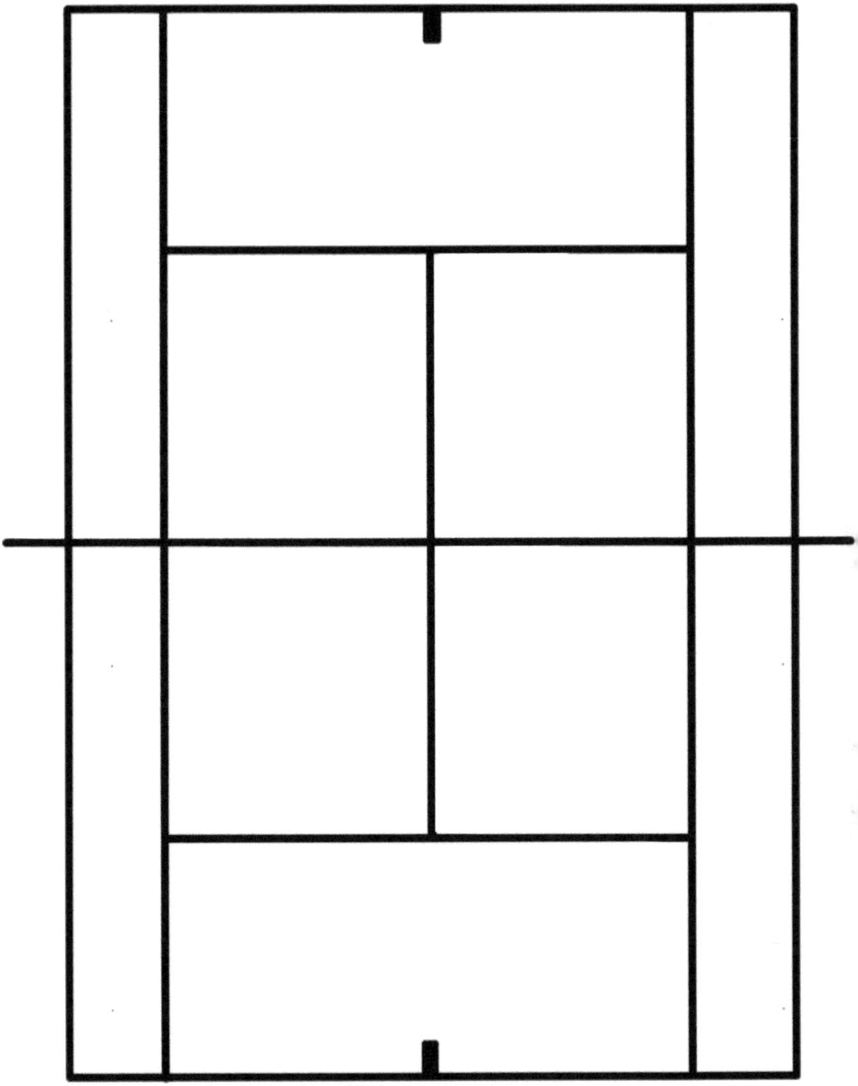

Weitere Bücher von Theo von Taane

- Das Minecraft Witze Buch
- Happy – Wünsch dir was!
- Tennis Witze Knallbonbons
- Tennis Postkarten Kalender
- Witze rund um Basketball
- Witze rund ums Schwimmen
- Witze rund um Schach
- Witze rund um Tischtennis
- Witze rund um Eishockey
- Witze rund ums Fechten
- Witze rund um Handball
- Witze rund um Badminton
- Witze rund um Karate
- Witze rund um Judo
- Witze rund um Golf
- Witze rund um Fußball
- Witze rund ums Boxen
- „Je öfter man drückt, desto schneller kommt der Fahrstuhl!"
- Am. Football Taktikboard & Trainingsbuch
- Badminton Taktikboard & Trainingsbuch
- Baseball Taktikboard & Trainingsbuch
- Basketball Taktikboard & Trainingsbuch
- Bowling Taktikboard & Trainingsbuch
- Cricket Taktikboard & Trainingsbuch
- Eishockey Taktikboard & Trainingsbuch
- Fechten Taktikboard & Trainingsbuch
- Feldhockey Taktikboard & Trainingsbuch
- Fußball Taktikboard & Trainingsbuch
- Futsal Taktikboard & Trainingsbuch
- Handball Taktikboard & Trainingsbuch
- Lacrosse (w) Taktikboard & Trainingsbuch
- Lacrosse (m) Taktikboard & Trainingsbuch
- Netball Taktikboard & Trainingsbuch
- Rugby Taktikboard & Trainingsbuch
- Schach Taktikboard & Trainingsbuch
- Squash Taktikboard & Trainingsbuch
- Tennis Taktikboard & Trainingsbuch
- Tischtennis Taktikboard & Trainingsbuch
- Volleyball Taktikboard & Trainingsbuch
- Wasserball Taktikboard & Trainingsbuch
- Foto & Malen & Basteln Postkarten Kalender zum Selbermachen
- Brettspiel: Spannende Geschenkejagd
- Brettspiel: Schnappt Ede!

Es gibt weit mehr als 200 Theo von Taane Bücher. Einfach nach ‚von Taane' im Webshop suchen um sich alle Bücher anzeigen zu lassen.